KEXUE
JIA

原子弹之父

YUANZIDAN ZHIFU AOBENHAIMO

原子弹之父

奥本海默

李丹丹◎编著

辽海出版社

图书在版编目(CIP)数据

原子弹之父奥本海默／李丹丹编著. —沈阳：辽海出版社，2017.6

ISBN 978 - 7 - 5451 - 4134 - 4

Ⅰ.①原… Ⅱ.①李… Ⅲ.①奥本海默(Oppenheimer, J. Robert 1904-1967)-传记 Ⅳ.①K837.126.11

中国版本图书馆 CIP 数据核字(2017)第 136780 号

责任编辑：孙德军　王钦民

封面设计：李　奎

出版者：辽海出版社

　　地　址：沈阳市和平区十一纬路 25 号

　　邮　编：110003

　　电　话：024-23284381

　　E-mail：dszbs@ mail.lnpgc.com.cn

　　http://www.lhph.com.cn

印刷者：北京一鑫印务有限责任公司

发行者：辽海出版社

幅面尺寸：155mm×220mm

印　　张：14

字　　数：218 千字

出版时间：2017 年 7 月第 1 版

印刷时间：2017 年 8 月第 1 次印刷

定　　价：29.80 元

冯　鹤	冯致远	胡元斌	王金锋	李丹丹	李姗姗
李　奎	李　勇	方士华	方士娟	刘干才	魏光朴
曾　朝	叶浦芳	马　蓓	杨玲玲	吴静娜	边艳艳
德海燕	高凤东	马　良	文　夫	华　斌	梅昌娅
朱志钢	刘文英	肖云太	谢登华	文海模	文杰林
王　龙	王明哲	王海林	台运真	李正平	江　鹏
郭艳红	高立来	冯化志	冯化太	危金发	仇　双
周建强	陈丽华	叶乃章	何水明	廖新亮	孙常福
李丽红	尹丽华	刘　军	熊　伟	张胜利	周宝良
高延峰	杨新誉	张　林	魏　威	王　嘉	陈　明

总编辑　马康强　张广玲　刘　斌　周兴艳　段欣宇　张兰爽

总　序

我们每个人心中都有自己崇拜的名人。这样可以增强我们的自信心和自我认同感，有益于人格的健康发展。名人活在我们的心里，尽管他们生活在不同的时代、不同的国度、说着不同的语言，却伴随着我们的精神世界，遥远而又亲近。

名人是充满力量的榜样，特别是当我们平庸或颓废时，他们的言行就像一触即发的火药，每一次炸响都会让我们卑微的灵魂在粉碎中重生。

名人带给我们更多的是狂喜。当我们迷惘或无助时，他们的高贵品格就如同飘动在高处的旗帜，每次招展都会令我们幡然醒悟，从而畅快淋漓地感受生命的真谛。只要我们把他们视为精神引领者和行为楷模，就会不由自主地追随他们，并深刻感受到精神的强烈震撼。

当我们用最诚挚的心灵和热情追随名人的足迹，就是选择了一个自我提升的最佳途径，并将提升的空间拓展开来。追随意味着发现，发现名人的博大精深，发现时代赋予我们的使命，发现最真实的自我；追随意味着提升，置身于名人精神的荫蔽之下，我们就像藤蔓一般沿着名人硕大粗壮的树干攀援上升，这将极大地缩短我们在黑暗中探索的时间，从而踏上光明的坦途。

不要说这是个崇尚独立思考的年代，如果我们缺乏敬畏精神，那么只能让个性与自由的理念艰难地生长；不要说这是个无法造就伟人的年代，生命价值并不在于平凡或伟大。如果在名人的引领下，读懂平凡世界中属于自己的那本书，就能够成为最好的自己。

名人从芸芸众生中脱颖而出，自有许多特别之处。我们追溯名人成长的历程，虽然每位人物的成长背景都各不相同，但或多或少都具有影响他们人生的重要事件，成为他们人生发展的重要契机，并获得人生的成功。

名人有成功的契机，但他们并非完全靠幸运和机会。机遇只给有准备的人，这是永远的真理。因此，我们不要抱怨没有幸运和机遇，不要怨天尤人，我们要做好思想准备，开始人生的真正行动。这样，才会获得人生的灵感和成功的契机。

我们说的名人当然是指对世界和人类做出突出贡献的伟大人物，他们包括著名的政治家、军事家、发明家、文学家、艺术家、思想家、哲学家、企业家等。滚滚历史长河，阵阵涛声如号，是他们，屹立潮头，掀起时代前进的浪花，浓墨重彩地描绘着人类的文明和无限的未来，不断开创着辉煌的新境界和新梦想，带领我们走向美好的明天。

政治家是指那些在长期政治实践中涌现出来的具有一定政治远见和政治才干、掌握权力，并对社会发展起着重大影响作用的领导人物。军事家是指对军事活动实施正确指引或是擅长具体负责军事行动实施的人，一般包括战略军事家和战术军事家。

政治家、军事家大多充满了文韬武略，能够运筹帷幄，曾经叱咤风云，纵横天地，创造着世界，书写着历史，不断谱写着人类的辉煌篇章，为人们留下了许多宝贵的精神财富和物质财富。

科学发明家是指专门从事科学研究和发明，并做出了杰出贡献的人士。他们从事着探索未知、发现真相、追求真理、改造世界和造福人类的大学问。他们都有献身、求实、严谨和持之以恒的精神，都具有一颗好奇心。从好奇心出发，他们希望探知事物规律，具有希望看到事物本质一面的强烈意识与探索激情。还有就是他们都有恒心，他们在科学研究中不断努力，努力，再努力，锲而不舍，具有永不止步的追求精神。

文学家是指以创作文学作品为自己主要工作的知名人士和学者等。其中，诗人是指诗歌的创作者，小说家指小说创作者，散文家指散文创作者，而文学家则是指在诗歌、小说、散文、戏剧等各种文学体裁领域均取得一定成就的创作者，他们是人类精神财富的创造者。

艺术家是指具有较高审美能力和娴熟创作技巧并从事艺术创作劳动而具有一定成就的艺术工作者。进行艺术作品创作活动的人士，通常指在绘画、表演、雕塑、音乐、书法及舞蹈等艺术领域具有比较高的成就，并具有了一定美学造诣的人。他们是生活中美的发现者和创造者，极大地丰富着我们的生活。

哲学家、思想家是指对客观现实的认识具有独创见解并能自成体系的人士。思想主要是用言语和符号来表达的，而致力于研究思想并且形成思想体系的人就是哲学家、思想家。他们用独到的思想解决生活中遇到的问题，且在此过程中逐渐认识自我与宇宙，以此解决人们思想认识上矛盾迷惑的问题。他们是我们人类灵魂的工程师，塑造着我们的人格，探讨所有人类重要的问题和观念，并创造出一种思考和思想的能力，闪烁着智慧的光芒，照耀着人类前进的步伐，推动着人类思想和精神不断升华，使人类不断摆脱低级状态，不断走向更高境界。人是有思想和精神的高级动物，因此，哲学家和思想家是人类不可或缺的，是我们人类的伟大导师。

企业管理家是最直接创造财富的人。他们创造物质财富，推动社会不断进步，使得人们更加幸福。财富虽然只是一个象征，但它与人们的生活、国家的发展、民族的强盛等息息相关。企业家也创造巨大的精神财富，他们在追求财富过程中所表现出来的创新、冒险、合作、敬业、学习、执著、诚信和服务等精神，是我们每一个人学习的榜样。

我们追踪这些名人成长发展过程中的主要事件，就会发现他们在做好准备进行人生不懈追求的进程中，能够从日常司空见惯的普通小事上，碰撞出思想的火花，化渺小为伟大，化平凡为神奇，从而获得灵感和启发，获得伟大的精神力量，并进行持久的人生追求，去争取获得巨大的成功。

影响名人成长的事件虽然不一样，但他们在一生之中所表现出来的辛勤奋斗和顽强拼搏的精神，则大同小异。正如爱迪生所说："伟大人物最明显的标志，就是他们拥有坚强的意志，不管环境怎样变化，他们的初衷与希望永远不会有丝毫的改变，他们永远会克服一切障碍，达到他们期望的目的。"

爱默生说："所有伟大人物都是从艰苦中脱颖而出的。"因此，伟大人物的成长也具有其平凡性。正如日本著名歌人吉田兼好所说："天下所有伟大人物，起初都是很幼稚且有严重缺点的，但他们遵守规则，重视规律，不自以为是，因此才成为名家并进而获得人们的崇敬。"所以，名人成长也具有其非凡之处，这才是我们应该学习的地方。

英国著名哲学家培根说："用伟大人物的事迹激励青少年，远胜于一切教育。"为此，本套作品荟萃了古今中外各行各业最具有代表性的名人，阅读这些名人的成长故事，探知他们的人生追求，感悟他们的思想力量，会使我们从中受到启迪和教育，让我们更好地把握人生的关键，让我们的人生更加精彩，生命更有意义。

简　介

罗伯特·奥本海默（J. Robert Oppenheimer, 1904~1967），出生于美国纽约富裕的德裔犹太人家庭，物理学家。"曼哈顿计划"的主要领导者之一，被誉为美国"原子弹之父"。

1925 年，奥本海默以荣誉学生的身份毕业于美国哈佛大学，随后到英国剑桥大学深造；1926 年，转到德国哥廷根大学；1927 年，凭借量子力学论文获荣誉博士学位。

1927 年夏，奥本海默学成归国，先去哈佛大学，然后到伯克利加州大学和帕萨迪纳加州理工学院任教。其间，1928~1929 年，他曾又赴欧洲，先后在莱顿大学和苏黎世大学做研究，始终瞩目于物理学发展的最前沿。未到而立之年，他已确立在美国物理学界的领先地位。

1942 年，奥本海默被任命为洛斯阿拉莫斯实验室主任，秘密进行研制原子弹的"曼哈顿计划"。27 个月以后，数以千计的专家在奥本海默的领导下，成功地制造出世界上第一颗原子弹。

1945 年 8 月，美国将原子弹投到日本的广岛和长崎。

1965 年，奥本海默患了肝炎，身体不佳。1967 年 2 月 18 日在普林斯顿因喉癌去世。享年 62 岁。

他与玻恩合作，发表了《分子的量子理论》一文，奠定了研究分子光谱的基础，树立了分子研究的经典。

1942 年，他被任命为战时洛斯阿拉莫斯实验室主任，成为制造原子弹的"曼哈顿计划"的技术领导。1947 年又任普林斯顿高等研究院院长，并于次年当选美国物理学会主席。

1945～1953 年，奥本海默成为美国政府和国会制定原子能政策的主要顾问之一，包括担任过两届美国政府原子能委员会的总顾问委员会主席。

他怀着对于原子弹危害的深刻认识和内疚，怀着对于美苏之间将展开核军备竞赛的预见和担忧，怀着坚持人类基本价值的良知和对未来负责的社会责任感，满腔热情地致力于通过联合国来实行原子能的国际控制与和平利用，主张与包括苏联在内的各大国交流核科学情报以达成相关协议，并反对美国率先制造氢弹。

退出政坛以后，奥本海默全身心地投入到普林斯顿高等研究院的教学和管理之中，把他的教学风格和管理才能在这里发扬光大，并组织了一系列重要的国际学术活动，促进了其间量子理论的发展。

他曾早在 1930 年就预言正电子的存在，在 1931 年指出有整数和半整数不同自旋的粒子有不同的理论结构，并结合当时有关宇宙射线和原子核物理的大量观察实验结果，对量子电动力学到基本粒子的性质进行了描述、计算和说明，虽然他还不到 30 岁，但已确立起自身在美国物理学界的领先地位。

与此同时，奥本海默也逐步展示出他作为一个优秀教师的潜能和素质。他的周围总是聚集着一群才华横溢、思想敏锐的优秀青年，伯克利逐步成为美国的理论物理中心，他培养出的年轻物理学家后来也大多成为物理学界的顶尖高手，并由此形成美国物理学界著名的理论物理学派。

目 录

富裕的犹太人家

在纽约河滨大道的中产阶级居住区，有一幢俯视哈德逊河的高大建筑，这里环境幽美、景色宜人。

在这座大楼第 11 层的一套公寓的窗前，德裔犹太人朱利叶斯·奥本海默悠闲地喝着咖啡，望着静静流淌着的哈德逊河，享受着成功后的惬意。

公寓房间里摆设着精美的典型欧洲家具，墙上挂着维亚尔、梵·高和德兰的名画。在 20 世纪初，这样的陈设表明房间的主人情趣高雅而少有市侩习气。

凡是访问过这所公寓的人，大概很难想象此时朱利叶斯的祖父仍然是德国哈瑙城的一个农民与谷物商人。

朱利叶斯是 19 世纪社会的典型代表，同其他移民一样，他从德国来到美国是为了逃避原居住地的宗教压迫，同时也为了获得财富。

身为犹太人，他们深切体会到而且痛恨在欧洲所受到的歧视及限制。有些欧洲学校禁止犹太人入学，有些行业也不欢迎犹太人参与。

虽然在当时犹太人仍然能够在欧洲获取名利，但大多数的犹太人并不富有，也不被欧洲社会欢迎。而在美国这样的移民国家，犹太人可以和其他民族一起追求发展，共同快乐生活，也没有宗教上的压迫。

1888年，17岁的朱利叶斯刚刚来到美国纽约时，既贫穷又没有一技之长，还不太会讲英语，更不了解美国的风俗。

幸运的是，在他之前就来美国的亲戚为他找到一份工作，也告诉他如何在这个国家生存、发展下去，他梦想着能在这个移民天堂里一步步地飞黄腾达。

朱利叶斯的两位堂哥早他12年就来到美国。开始时从事布料进口的小生意，这些布料是用来做西装及礼服以供百货公司销售的。不到几年的光景，他们的生意就发展到足以提供朱利叶斯一个工作机会的程度。

虽然比较起来，美国对少数民族有较高的包容力，但仍然有少数反犹太主义者存在，一些俱乐部或大学仍不准犹太人加入。整体来说，比起欧洲，美国还可以算是一个不错的避风港。随着越来越多的犹太人在这里获得成功，美国也成了他们心目中的"黄金国度"！

在美国包容且开放的态度下，造就了一个宗教和政治互不干涉的大环境，再加上繁荣的经济，勤劳且幸运的人就有成功的机会。虽然在这里只有极少数人成为大富翁，但是大多数的人在有生之年仍深感欣慰，至少能为下一代提供比在欧洲更好的机会和生活。

那时美国正处在成衣代替手工缝制服装的阶段，朱利叶斯从欧洲进口服装材料，销售给美国的服装制造商。他熟悉服装材料的生产厂家，对服装制造商的原料需求也很了解，生意很快就红火起来。

因此，当他 30 岁时，就已成为一位相当富裕的实业家。他穿着整洁，被雇员们称为"风度翩翩的绅士"。这时他的英语流利，知识渊博，并且养成了对艺术的爱好。

埃拉·弗里德曼也是犹太人，家族在纽约住了好几代。在与朱利叶斯认识之前，埃拉的家族就已在美国发迹。因为家境富裕，埃拉得以于闲暇时学习绘画，甚至还前往巴黎留学，虽然她右手小有残疾，但并不影响她成为画家。

1902 年，埃拉认识朱利叶斯时，她在画坛已小有名气并在曼哈顿一间自己的画室开班授课。他们认识之后，双方彼此互相欣赏，1903 年他们步入婚姻的殿堂。

1904 年，他们的长子奥本海默出生。这个全名叫作朱利叶斯·罗伯特·奥本海默的孩子，就是后来赫赫有名的"原子弹之父"。

此时，奥本海默一家在纽约已经有了一席之地，朱利叶斯掌握着一家进出口公司，除了位于纽约曼哈顿河滨大道这所宽敞的大房子外，还有一处别墅和一个牧场。

结婚之后，埃拉就不再教画了，只偶尔画几笔自娱。她把全部精力都倾注在照顾孩子身上。因为当时礼教规范的约束，她可能并不情愿放弃画画，不过也只能藏在心里，她的角色在那个时代就是照顾家人的生活起居。

用餐时仍保持传统的欧洲方式，十分正式且有规律，不管是大人、小孩，都必须穿着正式服装。男士着西装，女士则穿着及地的裙装。如一般上流家庭一样家中有厨师、司机和仆人。

被大家称作罗伯特的小奥本海默外出时，也必须穿着正式。若要去的目的地离家有几条街之隔，就必须由司机开车接送。

正如奥本海默自己所描绘的那样，他的家庭生活方式是如此正派，以致他无从沾染任何恶习，所以长成了一个"乖得令人害怕的小男孩"。

他的一位朋友保尔·霍林谈到自己对奥本海默的双亲以及他们住宅的印象时说：

> 他的母亲是一位品德高尚而有感情内涵的妇女，在餐桌上或其他场合举止优雅，雍容大方，但却不时流露出忧伤。他的父亲是一位非常可亲的人，与人相处时总力图使人愉快。
>
> 家中的陈设看上去既华丽又简朴，处处使人感到舒适、令人喜爱。

在夏天，奥本海默一家人也和其他富有、追求流行的纽约人一样，在有着清新空气的长岛海滨避暑。

他们的别墅位于长岛南方的海湾小镇，濒临大西洋。平时，罗伯特和弟弟弗兰克两人一起读书、游戏。周末则和父亲一同到海边散步，有时会乘船和父亲、伯伯们出海。奥本海默在那里学会了驾船航行。

在楼下的码头停靠着朱利叶斯买下的一艘游艇。这艘名叫"罗蕾莱号"的豪华游艇设施齐全，是小奥本海默的最爱，一有时间他便跑到上面玩耍。

正如朱利叶斯的一位朋友所说，奥本海默被父母宠爱着，夫妇两人满足了奥本海默想要的一切，可以说，奥本海默成长于奢华之中。然而，尽管如此，他小时候的朋友们却评价他"非常慷慨，绝不是一个被宠坏的孩子。"

童年爱好广泛

5岁时，奥本海默随同父母一同前往德国，拜访祖父本杰明·奥本海默。当年祖父选择留在德国而未与朱利叶斯一同移民美国。

他送给长孙奥本海默一些矿石标本，这些雕琢后闪闪发亮的石头令奥本海默十分着迷。

他回忆道："我变成了一个热心但又带着孩子气的矿石收藏者。"

回到纽约后，奥本海默俨然成为业余矿物学家，常利用周末四处去寻找新的样品。甚至说服父亲带他参加断崖采集矿石的探险活动。后来，公寓的房子里堆满了奥本海默采集的矿石，每个矿石上都整齐地贴着写有说明的标签。

他把大部分时间都放在了这种爱好上。他持续研究矿物学好几年，这是一个独居儿童的孤僻嗜好。奥本海默能够花费许多时间来整理他收藏的标本，把矿石进行分类和抛光。朱利叶斯鼓励儿子独特的兴趣爱好，还给他买了许多相关的书籍。

朱利叶斯是哥伦比亚大学哲学家、教育家菲利克斯·阿德勒的道德文化协会的成员。阿德勒和朱利叶斯一样是第一代移民。他深信，如果社会中每位成员都了解并恪守道德规范，那么社会将会变得更理性、更和谐。

1911 年 9 月，奥本海默上的第一所学校，名叫纽约道德文化学校。学校就是阿德勒先生主办的。奥本海默在上大学之前，一直在这所学校就读。

奥本海默是一个身体孱弱的孩子，经常生病，母亲从不鼓励他到街上去和其他孩子玩耍。他经常趴在窗前，有时俯瞰着哈德逊河，有时望着空中飞翔的鸽子，神游在自己的王国里。

奥本海默说他的童年："并未使我对于世界充满残酷和艰辛这一事实有所准备，它没有给我提供通常合适的道路成为一个坏蛋。"

在孩提时代的奥本海默就表现出对科学方面的极大兴趣，不断尝试去了解、分析物理上的一些现象。他的化学教师奥古斯塔·克罗克启发了他对自然科学的兴趣，奥本海默曾经用了整整一个暑假的时间来帮助他的老师建立一个小型实验室。

他经常拿着一块矿石晶体对着太阳照，晶体上显现出奇妙的缤纷色彩让他展开了无休止的想象。小学三年级时他就小有名气了，可以单独到实验室搞各种实验，但更多的还是分析他的矿物。

奥本海默继承了父亲的口才，他把知道的有关矿物的奥秘滔滔不绝地讲给同学听，名气甚至传到了校外。

在 11 岁生日时，由于他对地质学及矿物学的狂热，他还申请加入纽约地质学会，并得到了批准。令人惊讶的是，加入学会的第二年，他就在学会发表了他的第一篇科学性论文，是一篇有关矿石方面的研究报告。

这时，他就已经能使用家里的打字机与当地知名的地理学家通信，探讨他学到的有关岩石形成的问题。

朱利叶斯对于儿子这些成人化的做法坚持鼓励的态度。夫妇两人都相信自己的孩子是个天才。

"他们爱护他，"奥本海默的堂弟巴贝特回忆道，"在成长的过程中，他始终被给予优惠的机会，这使他能够按照自己的想法和兴趣行事。"

奥本海默对诗歌也有很大的兴趣，当他不研究那些矿石及晶体时，便一头扎进书堆里。他开始写一些自认为"富有哲理的抒情诗"，有一首还曾发表在一家儿童刊物上。

纽约道德文化学校鼓励学生在科学、文学及哲学上的兴趣发展。学校里每个年级的课程都强调个人的社会责任，并且加强在语言、文学、艺术、科学方面的教育，特别是道德上的学习，学校一直保持着开放和对社会负责的态度。

为了达到教学目标，高年级学生必须研读原文版的希腊及罗马文学作品。如此一来，奥本海默也有机会领略语言的奥妙，培养对哲学写作的兴趣，并且接触到家庭以外的神秘世界。

他的求知欲旺盛，常常全神贯注埋头于书本中。他的课外时间都花在了向希腊语教师学习荷马与柏拉图的希腊文原著以及恺撒、维吉尔和贺拉斯的拉丁文著作上。

他的希腊文和拉丁文老师阿尔贝塔·牛顿说："他是个非常聪明和勤奋的孩子，教他是一件快乐的事。"

他曾跟一位堂兄打赌说："随便问我一个问题，我可以用希腊文回答！"

除了历史、英国文学、数学、物理之外，奥本海默还选修了希腊语、拉丁语、法语、德语等课程，掌握知识的广泛程度很少有同学比得过他。

奥本海默对自然科学的极大兴趣和探索精神已经名声在外，美国自然历史博物馆的馆长都同意在这些方面给予他指导。

一位老师回忆道："任何新生事物在他眼里都是完美的，在不断吸引着他。"

爱冒险的少年

尽管奥本海默在学校里成绩优异，但是他却在交友上有困难。

每天他都花上好几个钟头念书，专心做作业，但对其他人的事显得漠不关心。

他并不是个很害羞的男孩，但是他可能遗传了母亲的个性，有些冷漠。在他成为明星学生的同时，也养成一股不太令人喜欢的傲气。

"他总是呆呆地坐在教室里，就好像没有吃饱或喝足的样子。"他的一个同学说道。

很多同学都认为他不善交际，不知道怎么和同龄的孩子相处。

家里舒适的生活环境和父母的教育让他显得与众不同，也非常有教养。也因这一点，平时他对同学们某些不守规矩的行为都视为粗鲁、鄙俗，但他也为此付出了代价。

作为母亲的埃拉，非常希望儿子能走出家门和其他的孩子融合到一起，于是给他报名参加了夏令营。

这次夏令营令他终生难忘，但却不是什么美好的记忆。

在夏令营里有一帮总是以欺负那些害羞或与众不同的孩子为乐的少年，而奥本海默被指认透露了他们总是讲黄色故事的事。他因此也付出了一定的代价，受到了别人的惩治。

他们在半夜里把他围在中间，把他身上的衣服剥光，然后七手八脚痛打了他一顿。最后，淘气的孩子们还在他身上抹上了绿漆，并让他光着身子冻了整整一夜。

后来当奥本海默成为美国家喻户晓的人物时，为奥本海默写传记的一位作家采访了当年肇事者中的一位，当事人实话实说，那一次是对奥本海默的"严刑拷打"，由此可见，当年他被打得实属不轻。

但奥本海默并没有按照父母的意思回到家里，而是执著地坚持到夏令营的最后一天。

他的朋友回忆道："我不知道罗伯特是如何度过剩下来的几个星期的，没有多少孩子能做到，但罗伯特做到了，这真太难为他了。"

正像他的朋友说的一样，奥本海默看似脆弱的外表下，实际隐藏着一种坚强和倔犟的性格，这种性格也表现在他后来人生几次大的磨难中。

奥本海默 16 岁时，父亲为他买了一艘将近 9 米长的单桅帆船，奥本海默称它为"特里梅思号"。胆大的奥本海默有时会独自驾船带着他的小弟弟弗兰克在附近的海湾航行。

奥本海默天生爱好冒险。

还没成年的他一直渴望克服自己内在的某些弱点。夏季的风暴往往将他的船吹出海湾，进入波涛汹涌的大西洋。

他的弟弟弗兰克记得：有一次他们驾船到了大海上之后，整整与海浪搏斗了 5 个小时，几乎把船弄翻，最后才把"特里梅思号"开回来。

这种鲁莽行为使他们的父母大为震惊。据弗兰克回忆，虽然他父亲非常焦急，甚至通知了当地的海关巡逻艇开到海上去寻找他们，但当他们回到家中以后，父亲却连一句谴责的话也没说。

在十六七岁的时候，奥本海默有了一个真正的朋友弗朗西斯·弗格森。

弗格森来自新墨西哥州，是他的同班同学。他们刚认识的时候，奥本海默正在学习滑翔。

"他只不过是玩玩而已，只是想给自己找点事做。"弗格森回忆说。

弗格森永远不会忘记他第一次和奥本海默一起航行的情景：

> 那时正值春天，风很大也很冷，海湾到处是海风卷起的小波浪，后来天还下起了雨。
>
> 我有点儿害怕，因为我不知道他是否能够在这种情况下航行。但是他成功了，他已经成为一个技术非常熟练的船员。
>
> 他的母亲透过楼上的窗户看着我们那艘摇晃着的帆船，非常担心，但他事先已经说服了他的母亲。
>
> 风和海浪把我们全身都弄湿了，那次经历给我留下了深刻的印象。

德国旅游意外患病

奥本海默无疑是非常聪明的，他在中学时不光是高才生，也很博学，在这一点上受到老师和同学们一致的好评。

这得益于他的父母对他教育的开放态度，他们虽然是犹太人，但他们并没有局限于正统的犹太社交圈子与文化生活，而是把奥本海默送进了这所课程设置比较全面的学校上学。

这所学校的创办人阿德勒先生的教育理论是以尊重人的个性为出发点的。他相信人并不需要某种信条束缚自己的生命，也无须依靠神学来作为判断是非的标准。

他说，人应当自己形成对未知世界以及人生奥秘的观点。阿德勒的这种道德观与人文主义哲学，是一种英雄主义的和保持品德高尚的哲学，这点深受奥本海默父亲的赞同。后来奥本海默还曾以此嘲弄他的父亲。

在他父亲的一次生日里，罗伯特曾经用"共和国战歌"的曲子为父亲写了一首歌，其中写道："他把阿德勒博士当作道德的化身来崇拜……"

虽然如此，奥本海默在这10年多的学校生活中，阿德勒博士的这种价值观对于这位严肃的、孤僻的、学究气十足的青年产生了相当大的影响。毋庸置疑，奥本海默在成年时期对政治的敏感性，源自于在这所学校里所接受的教育。

在他受教育的初期阶段，他被一群把自已看成是社会进步的催化剂的人包围着。当时道德文化学会在劳动权利、公民自由和环境保护等政治性问题上都发挥了很大作用，学会中许多成员都是社会变革的积极分子。

奥本海默是学校英文老师赫伯·史密斯的仰慕者和好朋友。史密斯在哈佛大学取得英文方面的博士学位，他努力使英文教学从各方面看来都是一种娱乐，他对学生非常和蔼，并不时邀请学生到家中，热烈地讨论未来的计划，了解他们的困难，并向他们提出建议，这些都为奥本海默在各方面的成长提供了动力。

尽管奥本海默的第一爱好是自然科学，然而史密斯还是发掘了他的艺术天分。他认为奥本海默的写作属于"华丽的散文体"。

有一次，当奥本海默写完一篇关于氧气的趣味性散文时，史密斯预言他将来会成为一名自然科学作家。

经过反复考虑，在中学的最后一年，罗伯特·奥本海默向哈佛大学发去了入学申请。

1921 年的春天，奥本海默以优异成绩中学毕业了，他每科成绩都拿到了 A。毕业典礼的日子到了，清晨出门前，穿戴整齐的奥本海默又特意在镜于前停留了一下，他今天将代表毕业生讲话。

这天的天气格外的好，奥本海默在掌声中登上了讲台。他的发言很真诚也很感人，连严肃的阿德勒先生眼睛里都闪着泪光。来参加典礼的奥本海默的父母更是大出风头，许多家长围住他们，向他们请教教子之道。

这年夏天，奥本海默的父母作为奖励送他到德国旅游。在德国大部分的时间，他都在哈兹山区附近寻找矿石。个子高瘦的他很喜欢一个人散步，吹着凉爽的山风。

就在他沉浸在无拘无束的旅游生活中时，却因误饮不洁的溪水而得了严重的、几乎致命的痢疾，并且一下子恶化成严重的结肠炎，从此以后消化不良的毛病一直伴随着他。

在秋天回到美国时，他仍然由于虚弱不堪而无法注册入学。奥本海默在纽约家中卧病多月。尽管家里环境舒适，他却因病而变得十分情绪化，也因长期卧病在床，甚至沮丧到不时将自己锁在房内。

第三年春天，他身体已经康复得差不多了，但还是非常瘦弱。他有 1.8 米左右的身高，体重却只有 55 千克。

父亲希望，科罗拉多州和新墨西哥州的壮丽景色能让儿子减轻烦恼和压力，以准备在秋天注册入学。于是，父亲建议他，在夏天和中学的英文老师史密斯一同结伴到西部去旅游。

1922 年夏天的这趟旅游结果非常成功。西部开阔的视野，特别是新墨西哥州的山脉及沙漠景致，令奥本海默深深着迷。这个暑期的游历也让他身体强壮了许多。

有好几个星期，他俩骑马在科罗拉多州和新墨西哥州的群山中徜徉，夜间在郊野露宿或在农场中做客。在圣塔菲以北的一个优美的洛斯比诺斯农场中，奥本海默被一个比他大好几岁、名叫凯瑟林·佩奇的姑娘迷住了，虽然只是好朋友似的交往，但已经让他的心情无比的愉悦。

骑马、野营、壮丽的山色，还有迷人的佩奇，这一切都给奥本海默留下了不可磨灭的印象。此后他不止一次地重游这个地区。

奥本海默在这年 9 月回到纽约，开始为前往麻省康桥市的哈佛大学就读做准备。

进入卡文迪什实验室

哈佛大学地处美国马萨诸塞州波士顿，始建于 1636 年，是美国第一所大学。不仅环境幽静典雅，还聚集了一大批最优秀的教师，是奥本海默向往已久的高等学府。

1922 年秋天，一到哈佛，18 岁的奥本海默就全身心投入到这个极具启发性的知识海洋里。

每学期他都选修 6 门主课，而一般的学生只按学校的要求选修 5 门。哈佛大学教学严格，要求标准之高在全美的学校是出了名的。想获得高分非常困难，每学期 5 门的课程，一般的学生能获得 B 就是很不错的成绩了。很多学生为主课学习不堪重负。

而急切想获得更多知识的奥本海默在选修 6 门主课的同时，还旁听了其他 4 门他喜欢的课。在知识的海洋里，他就像一个贪婪的海盗，不停歇地掠夺知识财富。

奥本海默一个同班同学这样说道：“他在知识上掠夺了这个地方！”

他继续攻读文学，特别是法国作家的作品。同时也继续学习希腊文，在哈佛这段时间中的磨炼，使他已经十分精通这种语言了。

第二年，他决定主修化学，这时的他对未来的就业生涯规划仍没有明确的方向，只是朝着科学的大目标发展。

在以后他回忆道："我还记得，当时和一群学长在讨论我是该主修化学，还是矿冶工程，因为我很向往矿冶工程师的那种生活。其中一位朋友顺口说：'学化学吧！因为那样才有暑假！'"

有了这个幽默的"命令"，他就全心全力投入读书，很少参加课外活动。

他学习起来废寝忘食，每天早晨8时就比别人更早地进入实验室，只在午餐时才稍停片刻，啃一片"黑黄饼"，也就是平时我们常见的涂上花生酱和巧克力的夹心面包作为午餐。奥本海默利用一切可以利用的时间到图书馆进行一些科目的自学，因为课堂上老师讲课的速度他认为太慢了。

在一次全校举行的基础课会考中，他的数学分数和哲学分数遥遥领先，这引起了同学们的猜疑，大家怀疑他有作弊行为，因为他经常不来上这两门课。同学们还将此情况反映到学校的有关部门。

这在哈佛校园里引起了不小的风波。为验证奥本海默实际的知识水准到底如何，学校学术委员会特别组织了一次答辩会。结果在众目睽睽之下，奥本海默引经据典对答如流，征服了所有听众。

据认识他的同学们回忆，他在哈佛的3年中，从来没有陪一位姑娘出去玩过。也可能是从小上学就一直很优秀的缘故，他一直想保持在学校里领先的地位，所以比别人更疯狂地学习，但这也给有些神经质的他带来精神上很大的压力。

在最后半年，他发现了高等热力学这门课非常有趣。这门课当时是由著名的实验派物理学家珀西·布里奇曼讲授。这位教授在后来还获得过诺贝尔奖。

奥本海默第一次与布里奇曼相识，就深深地被这位教授所打动，这也使他第一次对物理学产生兴趣。这门科学触动了他心灵深处的哲学家气质。他感到物理学不像化学那样过分偏重于实用，而是偏重于基本理论。

他曾说过："这是一门研究自然规律与秩序的学科，它探索物质和谐地存在与运动的根源。"

布里奇曼最吸引奥本海默的是他那种哲学式的敏锐求知精神。

奥本海默描述布里奇曼是一位"很棒的老师，从来不满足于现状，总是反复思考每个问题。他的方式就是深入探讨物理精髓的最好方法。他更是位人人都想投其门下而习之的老师"。

奥本海默在跟布里奇曼学习过一段时间之后，开始参加布里奇曼领导的科学研究工作，他不甘做个旁观者，决心投入其中。以至于哈佛毕业前，他请布里奇曼写了推荐函，申请到当时享誉欧洲的、物理学顶尖研究中心的英国剑桥卡文迪什实验室，继续从事物理学方面的学习和研究。

他十分明白这并不容易，因为他从布里奇曼那里只学到一些入门知识，以他在哈佛的化学学位，绝对不足以说服任何一位欧洲顶尖大学的物理教授收他做研究生。

另外，在和实验派的布里奇曼做了一学期的物理研究后，他发现自己并不适合实验室的工作。他喜欢概念及理论，却对与仪器和实验器材为伍不感兴趣。

尽管有这些困难，他还是决定继续攻读物理，特别是新的一门叫作"量子力学"的学科。这门新知识已完全扭转了过去几百年以来的物理学理论。

奥本海默为这几年的刻苦学习付出了沉重的代价。他经常有一种钻到牛角尖中而不能自拔的危险倾向，但正是这种精神，督促着他对问题的执著探讨。

在1925年夏天，刚刚过去3年，奥本海默就比别的同学提前一年，以最高荣誉的化学学士学位从化学系毕业。在学校的名单上，他是被选中的30名大学优等生荣誉学会成员之一。

在尚未确定剑桥大学的入学申请是否成功之前，奥本海默就在1925年9月离开纽约，起程前往英格兰。

在一星期的航程里，他拟了一封正式信函，上面说明他的学历，并表明他到剑桥深造的决心，他写道："我计划在3年后，取得剑桥大学的物理学位。……我更希望能早日从事物理方面的研究。"

他自己很清楚做实验并不是他的专长，他相对地属于理论派，不过，他更清楚，要在剑桥出人头地，他就一定要进实验室才行。奥本海默到达英格兰时，对未来充满近乎天真的乐观态度，他以化学高才生的身份准备转行研究物理。

剑桥卡文迪什实验室，是当时国际上最著名的物理研究中心之一，也是全世界物理学领域内，富有天才的学生与研究人员，崇拜的"麦加圣地"。

1925年，这个研究室由欧内斯特·卢瑟福所领导，他个人可以称得上是20世纪最杰出的实验派物理学家，他在辐射方面的研究成就，还为他赢得了1908年的诺贝尔奖。

珀西·布里奇曼的推荐信并没能说服卢瑟福，让奥本海默成为卡文迪什实验室的一员。然而奥本海默自己仍毫不松懈地争取，在秋季班开课前，终于获得卢瑟福的同意。

在布里奇曼的推荐信中，除了提到奥本海默具有"十分惊人的领悟能力"，而且"他表现出在处理研究问题上高度的创造性"，他还提到了奥本海默的一个弱点，就是他性格上还不太成熟。他喜欢频繁地提问，来炫耀自己的博学，而且说话不太关注别人的感受，虽然他事后经常后悔。

奥本海默最不能容忍粗俗的语言或陈词滥调，如果他认为某人正在用这种方式讲话，他必定要打断别人的话并加以斥责。他的这种冒犯别人的习惯正好与他平时彬彬有礼的风度形成鲜明的对比。

前往哥廷根求学

　　奥本海默来到剑桥大学后，被分配在电子的发现者，1906年诺贝尔物理学奖获得者杰·汤普森门下，参与其所领导的一项实验计划。

　　69岁的汤普森是卡文迪什实验室前任领导人，也是此处年纪最长的一位科学家。当奥本海默得知将在他门下学习的时候，感到非常兴奋，他信心十足地认为自己肯定能在这里干出一番事业。

　　现任领导人卢瑟福是位外形魁伟、个性外向的新西兰人，在个性及家庭背景上，可以说和奥本海默是截然不同。年轻时他就得帮家里管理羊群。他所就读的学校，都是根本无法提供新课程及科学实验器材的二流学校。

　　尽管如此，卢瑟福在1885年满怀雄心壮志地抵达英国剑桥大学。他的特长在实验上，凭借实验，他发现了许多原子方面的理论，来证明或反驳旧理论。

　　1925年，当奥本海默抵达英国时，一些欧洲著名的物理学家，如爱因斯坦、维尔纳·海森堡、尼尔斯·玻尔以及其他科学家所提出的理论，再加上卢瑟福这群实验派物理学家的发现，揭开了人类对原子知识探求的新纪元。

原子不再被视为固体，而是个被极度压缩的能量场，就像是充满电磁能的小飓风。相同的物质则是近乎空旷，偶尔点缀着原子这种能量场的空间。

原子本身不是整块、不可击破的物体，而是有能量充斥其间，整个能量互相关联，却又不时相离。科学家们将原子中各部分强迫分离，研究其结构及运动规律。

奥本海默能在1925年来到欧洲攻读物理是件十分幸运的事，但同时在剑桥研究物理也让他度过了一段沮丧的时光。

他在实验室的具体任务是制作用于研究电子穿透能力的极薄金箔。但是，令他懊恼的是，他发现自己根本做不好这件事，而且他觉得这件事简单重复，既枯燥又单调，似乎永远也搞不完。

唯一令他感兴趣的是汤普森和卢瑟福在实验室讨论量子理论。这强烈地吸引着奥本海默，他急切地想一下子接触到量子物理的最前沿。理想和现实的巨大反差让他终日躁动不安。

与此同时，他第一次接触到创造性的物理学本质问题，从而在理论学习方面也遇到了困难。他在哈佛主攻的是化学，缺乏物理学与相应的数学基础，因此心理上承受着巨大的压力。

另外，卡文迪什实验室从事的主要是实验物理，奥本海默也因此吃尽了苦头，因为他并不擅长做实验，在实验方面表现得非常差，以至于后来他几乎成了实验室里"多余的人"。

他发现自己的工作形同虚设，于是他开始花时间参加各种各样的研讨会，阅读大量的物理学杂志。他认为在实验室为数不多的好处之一是能经常遇到许多著名的物理学家。

"我见到了非常喜欢的布莱克特，"他跟朋友说。帕特里克·布莱克特是一位对社会主义政治了解颇深的英国绅士，在3年前就完成了在剑桥的物理学业，后来也获得过诺贝尔物理学奖。不久，布莱克特就成了奥本海默专业上的导师。

但是，布莱克特作为一个实验派物理学家总是强迫奥本海默做一些他不擅长的实验工作，这导致他们之间的关系越来越糟，使奥本海默心理上的压力更加不堪重负。

他的孤独感、思乡病，以及对自己弱点的察觉和自责，这些因素交织在一起，使他陷入绝望的境地。在当年圣诞节时，他的朋友们几乎认为他可能要自杀了。

他自己也叙述过这一情况，他记得非常清楚，当时如何在假日到布列塔尼海边漫步，行走在冬季荒凉的海岸上，"真想跳进海里结束自己的生命"。

他在给哈佛时期的同学弗朗西斯·弗格森的信上抱怨道："这里的日子很糟，实验工作十分无聊，我对那也不在行，我觉得自己根本没有学到什么！"

他自己曾经描述过当时的窘态：他站在黑板面前，手上拿着粉笔，一小时又一小时地苦思冥想，等待灵感的出现。

直到他自己从幻梦中惊醒时，才发现一整天已在这种沉思中悄悄地过去了。

另外有几次，他任凭时间一分钟一分钟地过去，自言自语地对着黑板说："这问题的关键是……关键是……关键是……"

他在学业上从未失败过，但这些既烦琐又深奥的研究，让他充满着忧虑及恐惧。他在写给他的老师赫伯·史密斯的信上，甚至也提到"想自杀"。

不甘落于人后的奥本海默下决心加倍用功，往往在实验室里忙了一整天下来还挑灯夜读，但效果并不十分明显。用他自己的说法是"做了很多没有意义的事"。

一个朋友说他那时"从事大量的工作、阅读和讨论，但显然怀有巨大的不安和惊恐"。

1926 年初，丹麦物理学家尼尔斯·玻尔来剑桥探望老师卢瑟福，同时与奥本海默进行了交谈。

玻尔于 1913 年在普朗克"量子假说"和卢瑟福"原子行星模型"的基础上，提出了氢原子结构和氢光谱的初步理论。

稍后又提出了"对应原理"。对"量子论"和"量子力学"的建立起到了重要作用。在原子核反应理论和解释重核裂变现象等方面，也有重要贡献。

他在 1922 年获得了诺贝尔物理学奖。

玻尔在理论物理方面的成就，像是给奥本海默打了一针强心剂，让他看到了一丝曙光。

在这同时，他也开始主动去看心理医生，来解决他在情绪上的困扰。经医生诊断，他患有"早发性痴呆"，也就是现在所说的"精神分裂"，诱因可能是长期的紧张学习或身体健康方面的原因。

奥本海默的情况并不乐观，因为在那个时代，精神分裂是无药可救的疾病。

奥本海默的父母一听到这消息，立刻赶到英格兰。在复活节这段假期，在医生的建议下，他们说服儿子与 3 位剑桥的同学一起前往地中海科西嘉岛度假。

1926 年 3 月的这次度假，对奥本海默来说有了非同寻常的效果，似乎一下把他从痛苦的深渊里解救了出来。10 多天后从科西嘉岛回到剑桥的奥本海默仿佛一下子长大了，成熟了许多。"我觉得自己变得更宽容更平和了……"

这次科西嘉岛之行到底发生了什么？奥本海默和他的朋友们一直守口如瓶，奥本海默只是说，是爱，是爱改变了他。

据说在科西嘉岛上，奥本海默遇到一位年轻女子，这段恋情对他十分重要且神圣，他在日后从未再提及，只是说："这不只是段恋情而已，这是真爱！"

但无论发生了什么，奥本海默最终从彷徨中走了出来。

他回到剑桥后，同玻尔的又一次长谈使他找到了努力的方向。随后的学习和研究也取得了一些进展。此时，又有一件事使奥本海默的人生出现了重大转机。

春天再晚些时候，剑桥大学组织来自美国的物理系学生去莱顿大学进行为期一周的参观访问。奥本海默也一同前往，在那里他结识了几个德国物理学家，其中包括马克斯·波恩，德国哥廷根大学物理研究所的主任。

"那简直是太美好了，"他回忆道，"我感到冬天的时候遇到的困难可能被英国的风俗给严重化了。"

波恩对奥本海默很感兴趣，可能是因为他对几篇最近发表的物理学论文提出质疑的缘故。"他跟我很像"，波恩说，"从一开始，他就是一个很有天赋的人。"

过了一段时间，波恩向奥本海默发出了邀请，让他到哥廷根大学继续学习深造。奥本海默同意了。年轻的奥本海默在剑桥的努力就此终结了。

在剑桥，他至少真正地了解了物理学上一些全新的观念，这些观念在美国都只是刚引入而已。

研究理论物理

1926 年夏末，奥本海默乘火车来到德国的哥廷根，这是物理学重镇。这时的奥本海默与一年前相比精神更好，也成熟了很多。

当时哥廷根大学和剑桥一样也是欧洲主要物理研究中心之一。但剑桥有实验工作的传统，而哥廷根则主要是理论研究中心。

奥本海默回忆道：

> 当我决定到哥廷根去时，我对自己的各方面都感到担心。但我心里明白，如果有可能的话，我最好从事理论物理工作……我对于能摆脱实验室工作感到非常高兴。
>
> 我在实验室里从来就做不好工作；别人对我不满意，我自己也不感兴趣；我感到这些事只是别人强迫我去做的。

他的这次转移实在是一个千载难逢的好机会。当他到达哥廷根后，他发现自己处在一大群优秀的科学家中间。他们的研究成果像磁石一样吸引着年轻的奥本海默。

在此之前 10 多年间，波恩所提出的原子结构理论几乎统治了整个物质结构研究领域。而且仅仅在一年之前，哥廷根的一位教授詹姆士·弗兰克，由于参与了用实验验证波恩理论的工作成就而分享了诺贝尔奖。

1926 年，波恩提出了有关量子及稳定状态的观念，是物理学上的新学派。这一学派的"量子物理"是当时哥廷根大学的主流，奥本海默更是迫不及待地想完全吸收。

奥本海默在哥廷根大学的指导老师是有名的物理学家马克斯·波恩，他后来也获得了诺贝尔奖。

事实上，哥廷根大学这时的研究人员有好几位之后都获得了诺贝尔奖，如沃尔夫刚·泡利、维尔纳·海森堡及恩里科·费米等人。奥本海默在哥廷根这段时间，不仅见过他们，而且与之共事过。

奥本海默在写给一位朋友的信中说：

> 我想你会喜欢上哥廷根的。这里的科学研究比剑桥好
> 得多，整体而言，这里可能是能找到的最好的大学了。

当奥本海默还在剑桥时，他已经在"量子力学"方面做了一些工作。他刚从科西嘉岛回到英国，剑桥哲学学会的学报就发表了他的两篇涉及量子力学若干方面问题的论文，这使他大为振奋，增强了自信心。

奥本海默的名声先于他本人到达了哥廷根，因此当他一到，就被当做是一位已有名望的学者，立即应邀参加在每周举行的师生研究讨论会。

不仅如此，他还发现，在这种新课题领域内，教授与学生相互

学习。这正是像他这种思想敏锐的美国人的理想工作环境，他很快就加入其中。

他一开始就毫无拘束地参加讨论，几乎吸引了每个到会者的注意力，但随后当他滔滔不绝地似乎要独占讲坛时，奥本海默就又成了众矢之的。

正像过去曾经发生过的情况那样，听众认为他在故意炫耀自己，显示个人的才华。最后他的同事不得不向教授递交了一份呼吁书，请求教授对这位"神童"的高谈阔论加以某种限制。

他确实是"神童"，在学校里，奥本海默比他们中多数人都更年轻，他才 22 岁，而且看上去还显得更小些。

同时，他又是美国人，十分富有，并且从不掩饰这一事实。他不仅衣着得体，而且出手十分阔绰。其他学生花钱买书往往感到困难时，奥本海默则所要的书籍应有尽有，而且有些书还是书店专门为他装订的。

他的这种与众不同的举止自然成了别人议论的话题。在他与一些同学寄宿的小楼里，奥本海默在餐厅里彬彬有礼的风度，以及他出众的高雅举止，使其他同学犹如没有教养的粗鲁人。

他们还发现，每当奥本海默认为他们的谈话太庸俗时，他就会不客气地突然打断旁人的发言。看来他不能容忍任何形式的愚蠢与虚伪的言辞，此时的他，又恢复了以前特有的骄傲。

一位美国同学爱德华·康登指出："问题在于他的思想过于敏捷，他老是把对手置于不利地位。而且，该死的是，他往往是站在正确的一方，或者至少是相当正确。"

人们还议论奥本海默爱用势利的眼光看待别人的聪明才智，因为他只在他认为智力上与自己相当或高于自己的人中间选择挚友。

他所结交的朋友之一保罗·狄拉克，仅仅在 10 年之后就获得了诺贝尔奖。他们经常待在一起，全部时间几乎都用来讨论物理问题。

狄拉克实在难以理解奥本海默为什么对天主教有那样浓厚的兴趣。奥本海默和另外两个同学花了许多时间攻读但丁的原著，而且为此不惜刻苦学习意大利文。他还尝试写诗，这在狄拉克看来正是奥本海默思想中缺乏明确目的性的表现。

据说狄拉克有一次问奥本海默："你怎样可能同时做这两件事，写诗与研究物理呢？这两样东西实在差别太大了。物理学的目的是向人们揭示过去无人知道的新事物，而诗则恰恰相反。"

虽然并非人人都同意狄拉克的这种见解，但这段话正好说明了奥本海默研究物理学有自己独特的方式。

由于他过去所受教育的基础广泛，他选定自己专业方向的时间又较晚，因此他除对科学的爱好之外，还保留着对许多非专业领域的兴趣。

这就使他有可能在物理学所开辟的技术应用前景中，找到更为广泛的综合利用途径。后来，他对待科学的这种哲学式的观点，对于他的学生产生了巨大的吸引力。

不久，物理系主任波恩开始指导奥本海默并与其一起开展研究工作。海森堡、威格纳、泡利、费米等知名物理学家都得到过波恩的培养和指导。他在 1924 年首创了"量子力学"这个词。

在学生眼里，波恩是个坚持和平主义的犹太人，也是个非常有耐心的老师，对于一个像奥本海默那样性格的年轻学生来说，他是个理想的导师。奥本海默在写给哈佛大学物理学教授埃德温·肯布尔的信中对他们的工作做了概括：

几乎所有的物理学家都在研究量子力学……我研究有关非周期现象的量子理论已经有一段时间。

我和波恩教授研究的另一个问题是原子核周围 α 粒子的运动方向规律。我们在这方面还没有多大进展，但我想马上会有的。

1927 年春天，奥本海默以海森堡在"量子力学"上的发现为基础做研究，其中对用"量子论"去解释"分子何以成为分子"产生了兴趣，并在很短时间内就找到了解决问题的方法，他把结果告诉波恩时，波恩既吃惊又高兴，随即合作写成了一篇名为《关于分子的量子论》的论文。这篇论文为高能物理学在此后 70 年的发展奠定了基础。

肯布尔教授的印象很深，在哥廷根待了几个月后，他以前的这个学生似乎沉浸在了揭示量子力学秘密的喜悦之中。

总之，奥本海默的能力终于在理论物理方面爆发了。在 1926 年至 1929 年他离开欧洲前，总共在量子力学方面发表了 16 篇论文。

他的论文充满了艰深的数学理论，除了物理学家外一般人难以了解。他利用量子物理的观念，来深入探讨有关原子的种种问题其中包括电子的旋转。

电子在围绕原子核运转的同时，本身也有自转，就如同地球在绕太阳公转外，也自转一样。这个电子自转的观念，也帮助科学家解答了有关原子内部结合的问题。

1927 年，奥本海默获得哥廷根大学名誉博士学位，他的博士论文是发表在物理界具有权威性的《物理杂志》上。他与他的导师一起建立了"分子量子"理论，从而奠定了在理论物理界的地位。

6月，埃德温·肯布尔在哥廷根访问，不久之后就给同事写信说：

在哈佛大学时，我们就发现他很有才华，而他现在正变得越加才华横溢。他工作完成得很快，而且同在这里的一大批年轻数学物理学家相比毫不逊色。

对于这个阶段，奥本海默在成为著名科学家后说道："就像在隧道里爬山一样，你根本不知道是否会爬出山谷，或者是否会爬出隧道。"

虽然当时奥本海默非常出色，但对于那时的科学成就来说，他更多是见证者，而不是参与者，然而，他依旧表明了自己拥有使物理成为终生奋斗方向的才智和决心。

一次失败的恋爱

在哥廷根工作期间，奥本海默结识了一位在他以后生活中占据重要地位的姑娘。

她叫夏洛蒂·里芬斯塔尔，德国人，是他物理系的同学。据夏洛蒂回忆，他们第一次见面是在由汉堡返回哥廷根的火车上。

当时，他们这批学生参加完讨论会后乘火车回学校。学生们的行李都集中堆放在月台上。在一大堆破旧的箱子与背包中间，夏洛蒂发现有一个全新的猪皮旅行箱。

"多漂亮啊，"她指着那个泛着黄褐色光泽的旅行箱说，"这个旅行箱是谁的？"

"除了奥本海默还能是谁的！"一位教授有些嫉妒地说。

在回程的火车上，夏洛蒂让人指给她看谁是奥本海默。随后，在他身边坐了下来，当时他正在看安德烈·基德写的小说。

他们开始了谈话，令奥本海默惊讶的是，这个女同学不仅读过基德的作品，而且还讲得头头是道。快到站时，夏洛蒂随意地提到了那个她很喜欢的漂亮的旅行箱。奥本海默似乎犹豫了一下，但什么话也没说。

有一个众所周知的奥本海默的癖性，凡是有人赞赏他的某一件物品，他一定要找一个借口将它赠送给这个人。

果然，当她要离开哥廷根时，奥本海默直接去找她并且把旅行箱赠送给了她。那一年，奥本海默按照旧的传统方式，正式向夏洛蒂求爱。

同学们都记得他是如何的围着她转，体会她最微妙的暗示，满足她的一切要求。但尽管奥本海默在哥廷根有这样愉快的经历，他最后还是对德国发生了一种复杂的矛盾感情。

他认为：

> 虽然这个国家十分富有，并显得对我十分温暖与有益，但这些都受到一种令人难堪的德国情调包围——痛苦、沉闷以及据我看来还带有不满与愤怒的情绪；这些情绪交织在一起，将会导致一场大灾难。我个人深深感觉到这一点。

在哥廷根的学习进入尾声时，奥本海默明显地表现出思念家乡的情绪。他无意中谈到德国时，口气就像个土生土长的美国人。正是他的这种美国优越感激怒了一些同学。

"按照他的说法，似乎美国的月亮也比德国的圆。"有一位同学这样评论他。

1927 年春天，由于奥本海默忘了以学生的身份进行开学注册，引起了一场风波，他失去了取得博士学位的正式资格。后来大学当局给予他一个名誉博士学位，这年 7 月奥本海默起程返美。两个月之后，夏洛蒂也来到美国，她在美国最有名的瓦萨女子学院获得了一个职位。

1927 年 9 月的一天，奥本海默到码头上迎接她和另外两位在哥廷根时的学友。其中一位是荷兰人塞缪尔·高德斯密特，据他回忆：

> 我们都得到了奥本海默的殷勤款待，但实际上都是沾了夏洛蒂的光。他派了一辆大型高级轿车来接我们，送到市中心区由他亲自选定的格林尼治村高级旅馆。然后又陪同我们到乔治亲王大旅馆的餐厅吃晚餐，并向我们介绍美国的特殊风味如青玉米等。
>
> 这样豪华的饭店我过去从来没有进去过，在这以后也再没有进去过。我们在就餐时俯视着灯火辉煌的曼哈顿区。这种情景真使我终生难忘！

高德斯密特和其他同学还有后续的旅程，而夏洛蒂则留在纽约。奥本海默用最奢侈的方式接待她。奥本海默带她到最豪华的旅馆和饭店享受，然后带她到河滨大道的公寓去会见他的父母。

这一对年轻的恋人显然曾经考虑过结婚的问题，但夏洛蒂在纽约停留的这段时间，她发现奥本海默不够成熟。她在奥本海默家里亲眼看见他的父母如何娇宠他。

她又发现奥本海默过于自我保护，根本不愿向她谈论过去。他非常尊重和爱他的母亲，不允许别人对她有任何的不敬，哪怕纯粹是无意的冒犯。

夏洛蒂开始疏远奥本海默，加上她要在瓦萨任教，而奥本海默接受的奖学金也迫使他只能待在哈佛大学。因此，他们之间保持了一年多的亲密关系逐渐冷淡了下来。

最终，夏洛蒂于1931年和奥本海默在哥廷根时的一个同学结了婚。

再回洛斯比诺斯

1927 年春天，奥本海默申请美国国家研究院颁发的旨在激励年轻物理学家的博士后奖学金，获得批准并回到美国后，先在哈佛大学度过了秋季学期，之后离开哈佛前往西海岸的加州工学院，同时进行教学与研究工作。

在这一段时间里他收到了不少大学的聘书，有 10 份来自美国大学，2 份来自国外。从哈佛大学毕业才两年，奥本海默就已经是理论物理研究领域里的"新星"了。

在这样多的机会中他选中了另一所西海岸的大学，这所学校是加州大学伯克利分校，职务是助理教授。

这所学校对他具有特殊的吸引力，正如他所说："那儿还是一张白纸。伯克利没有理论物理的基础，我可以从头开始干一番事业。"

同时，伯克利分校还同意他每年春季到帕萨迪纳的加州工学院从事一段教学工作。

然而，他在加州工学院工作期间发现了自己的一些弱点，特别是数学基础不足，因此他要求基金会再资助他回欧洲进修一年，然后再回到伯克利工作。

1928年春天，基金会批准了他的请求，但不幸他的健康状况又亮起红灯，那时他已是位吸烟很多的瘾君子，经常不停地咳嗽，医师诊断是患有肺结核的症状，并建议他静养一段时间。

参加完6月在密歇根举办的一个理论物理研讨会后，奥本海默就赶往了时常令他向往的新墨西哥州山区。之前，他写信给快16岁的弟弟弗兰克，邀他在夏天陪自己到那里旅游上两个星期。

7月，兄弟两人一起来到了洛斯比诺斯，奥本海默又重新和凯瑟琳·佩奇在牧场见了面。尽管他咳嗽不断，但他刚到那里就坚持要骑马到周围的山里转转。兄弟两人骑马并行，弗兰克听着哥哥兴致勃勃地讲文学和物理学。晚上，哥哥会借着篝火朗读法国著名诗人波莱德尔的诗作。

这天早晨，佩奇带领奥本海默兄弟俩骑马来到了海拔约2900米山上的一处草地。这片草地覆盖着厚厚的苜蓿和很多蓝紫色的小花，不远处的山峰在白松树林和小溪的衬托下显得格外的壮美。

草地一个斜坡上坐落着一座小木屋，周围绿草如茵，野花争艳。在屋后两侧种满了松树，而向前则可以瞭望松涛如海的森格雷德克里斯托群山的景色。

这片山冈的名称叫作"基督之血"，这是因冬季的落日余晖反映在积雪山峰上的红光而得名。

这所木屋是用方木造成的，楼下有一间大厅与两间居室，楼上则为两间卧房，奥本海默称这里为农庄，不过屋内没有卫生设备。

"喜欢这里吗?"凯瑟琳问奥本海默。

"非常喜欢!"

凯瑟琳对他说："这座木屋和附近的牧场都是可以租的。"

"太棒了！"这是一处理想的疗养地，奥本海默立即把它租了下来。在此后的40年间，奥本海默一家经常在这里度假。

他称这个地方为"佩罗卡林特"，即西班牙语"热狗"的意思。在1947年奥本海默把这里买下来之前，他们一直租着这个牧场。

兄弟两人在此度过了一个愉快的夏天，他们以这个牧场为基地，遍游了整个地区。此时的奥本海默不会想到，以后那个设计制造原子弹的洛斯阿拉莫斯实验室就在离此不远的地方。

虽然他俩体质羸弱，但在这一带却赢得了好骑手的名声，也许是他们长时间待在马背上的缘故。

他们一面骑马一面谈论物理学、诗歌、卡明斯的反战小说《巨屋》，这次弗兰克第一次感到他的哥哥已经像一个成年人了。

弗兰克描写道：

> 他希望他所做的每一件事以及所结识的每一个人都与众不同。
>
> 他是我所遇见过的最不知困倦的人。他一旦发现某人值得重视或值得交朋友，他就会经常不断地打电话、写信、上门拜访或馈赠礼物。
>
> 他绝不容忍过单调无味的生活。他甚至以相当的热情去改进一盒香烟上的商标，使它带有某种特点。他甚至认为他所欣赏的落日晚霞也是更加美丽的。

这一段话表明奥本海默是一位按照某种既定的理想而生活的人，无论在他挑选朋友、学生、爱人、同事的时候，都要首先看看他们是否符合他的这种理想标准。

这也可用于解释他生活中，人们对他有着两种截然不同评价的原因。

简而言之，奥本海默最亲密的朋友和学生的这个圈子，就是通过这样互相选择而形成的，他们能够与奥本海默接近，感受到他的友爱和热情，并为他的才华与魅力所吸引。

然而，那些被他排斥在这个圈子之外的人，则常常遭到奥本海默以及他圈子中的人的反对，从而满怀怨恨。

这种情况贯彻奥本海默的一生，直到他去世后也依然如此。

在那个夏季结束时，经医生检查，奥本海默的肺结核已经得到了控制。

选择开放式教学

　　1928 年 9 月，大病初愈的奥本海默起程返回了欧洲。接下去的一年，他准备利用奖学金来加强数学方面的能力，首先求教于莱顿大学的荷兰科学家保罗·艾伦费斯特。他的计划是先跟艾伦费斯特学习一个学期，再去哥本哈根去找波恩。

　　结果，艾伦费斯特为抑郁症所困扰，他经常身体不适，心神不宁。奥本海默回忆道："后来我对他渐渐失去兴趣了……"

　　回想起来，奥本海默认为在莱顿白白浪费掉了一个学期。

　　事实上，艾伦费斯特发现与这位年轻人一起工作精神上很疲劳。波恩曾就奥本海默的事情跟这位以前一起工作的同事通信，艾伦费斯特向他抱怨"奥本海默总让人心神不安，虽然他是个不错的人"。

　　在决定离开莱顿时，艾伦费斯特建议他去瑞士，告诉他在沃尔夫冈·泡利的指导下学习会更好些。艾伦费斯特写信给泡利说：

　　　　为了使他伟大的天赋得以发展，他需要经常被人轻轻地打屁股。他值得受到这种对待，因为他是个非常可爱的家伙。

艾伦费斯特过去总是把学生送到波恩去学习，但这次却选择了泡利。奥本海默回忆道：

> 他肯定知道我需要的是一位计划周到、心思缜密的物理学家，而泡利正是合适的人选，他把我送到那里，显然是为了让我受到合适的调教。

跟随泡利学习以后，奥本海默渐渐喜欢上了他。奥本海默曾开玩笑说："他是如此优秀的物理学家，以至于他一走进实验室，东西就会出现故障或者爆炸。"

泡利虽然只比奥本海默大 4 岁，但他在 1920 年就已成名。他1921 年在慕尼黑大学获得博士学位，并在同一年发表了一篇大约200 页的论文，讲述了广义相对论和狭义相对论。

泡利很欣赏奥本海默洞察问题的能力，但奥本海默不注意细节的毛病使他很是恼怒。他对奥本海默的评价是"想法很有意思，但计算总是出错"。

不久，泡利给艾伦费斯特写信说：

> 他的优点在于他有很多好的思想和很强的想象力，弱点在于很容易就对基础不牢的陈述感到满意。他因为缺乏恒心和彻底性，连他自己很感兴趣的问题都不作答……

1929 年 6 月，奥本海默离开瑞士返回美国时，已经因在理论物理上做出的贡献而赢得了国际声誉。奥本海默在过去的 4 年中有 3年在国外学习，但此后 19 年中他从未离开过美国。

此时的奥本海默已由三四年前初次抵达英国剑桥一个迟疑、困惑的年轻人，成长为可以和世界级大师平起平坐的物理学家了。

　　他急切地想将所学知识教给祖国的年轻学子。回到美国后，他有机会来实现这个梦想。此时，许多知名的学府都争相招揽他，最后出乎大家意料的是，他仍然前往西部，回到了加州大学伯克利分校。

　　加州大学伯克利分校聘请他给研究生讲授最前沿的物理学，同时，他还身兼位于洛杉矶郊区帕萨迪纳加州理工学院的客座教授。

　　当时的伯克利比起东部的大学既不够悠久，也不够有名气。但奥本海默决定在此建立起自己的声望及开始新的生活。

　　搬到加州之举对奥本海默来说是再适当不过了。加州满足了他所有的需要。加州宜人的气候深深吸引了他，加州的西部精神令他振奋。

　　对他来说，来到加州就象征着另一个崭新生活的开始，不像在纽约家里，或是在哈佛大学，相当无趣且受拘束。至少在西部，他可以远离家人，真正成为一个自己想要做的人。

　　在伯克利的物理系，奥本海默可以自由地传播物理学上的新观念，这些观念在当时仍未进入美国一般的院校系所。

　　凡是了解奥本海默在伯克利开始讲课情况的人，都不难回想起刚开始时他的教学工作是如何的失败。

　　他对学生估计过高，以致学生们经常抱怨他讲课太快又听不明白，在课堂上"坐飞机"。他极不情愿地放慢速度，并向系主任抱怨说："我讲课时慢得都不知道自己在讲什么了。"

　　那时，他讲的课更像是在做礼拜，有时声音低沉得甚至后面的人都听不见。他讲课不用讲稿，还经常掺杂引用许多科学家和诗人的名言。"我是一个令人头痛的老师。"他回忆道。

　　据他早期的一个研究生詹姆士·布雷迪回忆："由于我们听不懂

他讲的是什么，只好注视他如何抽烟。我们老是想看他闹一次笑话，拿手里的香烟往黑板上写字，而拿粉笔叼在嘴里当烟抽，但却未能如愿以偿。"

许多学生不得不向当时的物理系主任勃尔基反映意见，但勃尔基相信奥本海默自己已经察觉到这一点，可以等待他自觉地改进。

果然，两三个月之后，他开始了解他的听众，放慢了进度，肯花力气把各种概念之间的关系讲清楚。虽然他后来并没有变成一位受到普遍欢迎的讲课教师，但他很快就吸引了一小批最优秀的学生，他们认为奥本海默是前所未有的最能引人入胜的教员。

对此，奥本海默自己解释道：

> 在开始阶段我并不是在讲课，也没有想吸引学生，而实际上只是在宣传一种理论，即"量子理论"。
>
> 我非常喜爱这种理论，还在不断地研究它，这种理论的全部内容还并未被人们完全认识，但它确实是异常丰富的……

到了加州以后，奥本海默依然严厉，爱批评别人。他能很快地看到并抓住问题重心，于是对其他无法与之匹配，或是方法不同的人，就持以高傲或轻视的态度。

后来担任美国原子能委员会主席的格伦西伯格曾抱怨说："在你的问题还没有说完之前，他就打断你了。"

他常说类似"够了，我们知道你的问题了，我来回答你"之类的话。他会不假思索地把自己的高标准强加给别人，这使他得罪不少人。

不过，他也同时鼓励、启发一群物理系的研究生，他甚至让他们叫他"奥本"，那还是在荷兰莱顿大学时，别人为他取的绰号。而他的研究生们逐渐把这个绰号演变成了"奥比"，之后人们称他的这些研究生为"奥比的男孩们"。

奥本海默的一位同事谈道："奥本海默觉得与同辈建立关系是件十分辛苦的事，除了一两位同辈他十分尊敬，例如爱因斯坦，至于其他人，他就有相处上的困难了，但他对学生却完全不同，他喜欢与学生打成一片。"

奥本海默常常和学生们泡在一起。"我们做任何事都在一起。"埃德温·尤林说。

星期天早上，他经常光顾埃德温的寓所，一起共进早餐，一起听收音机播放的纽约交响乐团的演奏。

"人们能从与他的交往中获益。当你问他问题时，他会花数小时甚至直到半夜与你从不同的角度去探讨。"

他会邀请攻读博士的学生和他一起执笔撰写论文，并确保在论文发表时所有参与者都署上了名。

有一位同事说："对一位著名教授来说，找一些学生为他做这些苦力是很容易的，但奥本海默和同学们一道解决问题，并给予他们应得的报酬。"

奥本海默独创了一种开放式教学法，鼓励所有的同学相互交流。在他所住的莱克特楼 119 号的房间里，经常会有八九个研究生或六七个博士生坐在椅子上，看着奥本海默在他们面前来回踱步。

他逐个指出他们论文中存在的问题，并让每个同学对自己的论文做出评价。通过集中讨论学习物理学时的难题，奥本海默给同学们营造了一种站在未解之谜边缘上的感觉。

1934 年，在 5 个被国家委员会授予奖学金的学生中，有 3 个被选在他门下学习。

耕耘在伯克利

在欧洲的时候，奥本海默就常和同学提到一个梦想，他在美国想建立一个全世界数一数二的物理研究中心。

他把这项工作视为征服"沙漠"，对他来说，美国各大学在科学上，特别是在物理方面，缺乏交流而且过时的研究方式就像是片学术荒漠。现在，在伯克利这片待开垦的土地上，他终于可以无拘无束地投入全部的热诚，充满希望地耕耘，以实施自己远大的抱负了。

那时，全世界的物理学家们掀起了解决同一问题的竞赛，而且非常激烈。在竞赛中，奥本海默被证明是多产的选手。他和他的学生一起攻克了一个又一个难题，有时比其他的竞争对手提前了一两个月。

他的一位同事回忆道："那真是令人惊奇，奥本海默和他的团队在这场竞争中攻克了这些难题。"

这几年，奥本海默写了许多重要的，甚至是具有开创意义的论文，涉及宇宙射线、伽马射线、电动力学以及关于正负电子等诸多方面。

他和他的第一个博士生，一个来自印第安纳州的农家女孩菲利浦，关于质子爆炸当量的测量成果成为举世闻名的"奥本海默—菲利浦程序"。

"他是一个极具创意的人，"菲利浦回忆道，"他没有伟大的物理学成就，但是他和他的学生们关于物理学的奇思妙想却造福了人类。"

奥本海默顺理成章地成为学校里理论物理学的带头人。几乎所有人都知道，如果你想进入理论物理学这个领域，伯克利是最好的地方。

进了伯克利之后，奥本海默惊讶地发现他并不是物理系上唯一一位有雄心大志的人，另一位新到任的教师，厄尼·劳伦斯，已经开始着手筹建一部巨大、精密的回旋加速器，来分解原子核。

1930 年 9 月，《纽约时报》以"高速氢离子击破原子"为题报道了劳伦斯第一座划时代的原子击破机器成功的新闻。

这种机器名为"回旋加速器"，它的工作原理是：使荷电的原子核在磁场内不断地回旋并被加速，高速离子最后打到一个原子靶上，这样的轰击所产生的原子核碎片，可以提供有关原子内部结构的线索。

通过这些，科学家可以观察原子核的构造，并将分离出的粒子加以分类。因此，"回旋加速器"是项有效的实验新工具，可以用来证实原子结构相关的理论。

在性格上劳伦斯和奥本海默几乎是完全不同的人，甚至有些方面完全相反。劳伦斯出身于南达克塔州的小镇，是位中西部的清教徒，而奥本海默则是犹太裔纽约人。

在研究上，劳伦斯喜欢使用科学仪器，而奥本海默则总认为理论重于实验。在政治上，劳伦斯属保守派，而奥本海默则在不久之后热衷于政治活动，并且奉行左派的许多政治理念。尽管有这些差异，但两人仍相处融洽，且互补长短，成为科学道路上的挚友。

由于奥本海默一向以不易相处出名，他们两人的友谊更显突出。这两个有点孩子气的物理学家很快就成了好朋友，他们白天一起聊天，晚上一起参加社交活动。在周末，有时还会一起去骑马。

两人在工作和研究上也相互支持：劳伦斯为理论物理学家们提供了进行理论工作所需的实验数据，而以奥本海默为首的理论家们又反过来对劳伦斯的实验工作方向提出建议。

每周一的晚上，他和劳伦斯都会开物理学的讨论会，来自伯克利和斯坦福的研究生都有资格参加。

他们把讨论会戏称为"周一晚的杂志俱乐部"，因为他们讨论的焦点集中在《自然》杂志或《物理评论》中新近发表的文章上。

他们之间的这种密切配合取得了丰硕的成果，在20世纪30年代中期取得了许多极其重要的科学成就。

奥本海默的梦想也逐步变为现实，伯克利开始真正成为美国理论物理学的中心。在他的指导下，有12名学生获得了博士学位，后来都成为当代最优秀的理论物理学家。

像来自加州小镇的贫穷的菲利浦·摩利森，患有小儿麻痹；"来自森林里的野孩子"罗西·洛马尼兹，14岁由奥克拉何马州来到伯克利；伯纳德·彼得斯，一位德国犹太人，由集中营逃出来，偷渡到美国，在纽约当港口工人，之后来加州念书，这些人都功成名就。

到20世纪30年代末，美国已经不再需要把有培养前途的大学毕业生送到欧洲物理学中心去深造了，他们可以到伯克利或加州工学院来完成研究生的学业。

哈佛大学曾向奥本海默提出，如果他能去东部工作就立即把他的工资提高两倍，但是他不为所动。

1934 年，在普林斯顿刚成立的高等研究院两次邀请他离开伯克利，但是他坚决拒绝了，他说"在那种地方，我绝对毫无用处。"

他给弟弟写信说："我拒绝这些诱惑，只专注于我现在的工作。在这里我可以尽情地施展自己的才华，同时，美味的加利福尼亚葡萄酒能慰藉我在物理学上遇到的困难和自己人性的缺点。"

他认为自己根本不成熟，只长大了一点点。他的理论著作相当丰富，部分原因是他一周只有 5 个小时的课，这就使他有足够的时间用于物理学和其他事情……

深得学生敬慕

然而，奥本海默之所以成为受学生们欢迎的教师，其原因还不止在于他在物理学上振奋人心的重要成就，奥本海默在课堂以外的生活中有许多方面深深地吸引着学生。

奥本海默在欧洲留学4年，曾经向当代的许多最伟大的物理学家学习，并与他们共同进行研究工作。

他从这些科学巨匠那里不仅学习了许多新颖而重要的概念，同时在他生活的各个方面也彻底地"欧化"了。

他熟知各种欧洲的名酒与佳肴，通晓中世纪的法国诗篇。他甚至选学了梵文，为的是阅读东方古代哲学书籍。

他的学生都清楚地记得，与其他的物理学家不同的是，他大量地涉猎专业领域以外的书籍。

哈罗德·彻尼斯回忆说："他大量阅读关于法国诗歌的书籍，所有能找到的书包括诗歌和小说他都喜欢阅读。"

彻尼斯亲眼看见他不仅读古希腊的诗歌，而且阅读类似欧内斯特·海明威一样的当代小说家的作品。

他尤其喜欢海明威的《太阳照常升起》这部作品。

从任何标准来衡量，更不用说以美国西海岸物理系人员的标准衡量，奥本海默都称得上是富于教养而又博学多才的儒雅之士。

即使在经济危机时，他的生活状况无疑也是很优越的。

首先，1931年8月他被提升为副教授，年薪3000美元。除此之外，他父亲继续向他提供额外的补助，这些足以使他的种种爱好变成生活的现实。

像他的父亲一样，奥本海默天生慷慨，非常乐意和学生们一起分享美味佳肴。

在伯克利时，当开完研讨会后，他总会邀请一群学生去杰克餐厅吃晚餐。杰克餐厅拥有全旧金山最美味的食品。

他的一位老友说，在1933年全国上下禁酒时，他总是知道旧金山最好的餐馆和地下酒吧在哪里。在那时，人们只有通过渡船才能从伯克利到达旧金山，当他们在等渡船时，人们总会在渡口的酒吧里匆忙地来上一小口酒。

他们一到坐落在萨克拉门托街615号的杰克餐厅，他就开始点酒，并让学生们点餐厅里最好吃的菜，通常都是他买单。

他的学生富兰克林·卡尔森和梅尔巴·菲利浦都在尼德尔斯基那里租了房子，他每两三周会去看望他们一次。

几乎每晚22时他们都会准备饭菜和点心，大家坐在一起玩弹塑料片游戏，一起谈天说地，畅所欲言。大多数情况下他们都会聊到半夜，有时甚至聊到凌晨两三点。

每年春天，也就是伯克利的第一学期结束后的4月，他的学生都会远行600千米同他到帕萨迪纳加州理工学院去，他在那里教春季班。

学生们全然不计损失地放弃了他们在伯克利租的公寓，不顾昂贵的费用搬到了帕萨迪纳每月高达 25 美元的花园式别墅。除此以外，暑假里一些学生甚至同他参加了在安娜堡举行的为期几周的密歇根大学物理学研讨会。

1931 年夏天，奥本海默遇到了自己在苏黎世读书时教过他的老师沃尔夫冈·泡利，他也参加了这次研讨会。在研讨会上，他不断地打断奥本海默的演讲，直到另一位著名物理学家克拉默斯冲他生气地吼道："泡利，请闭嘴，让我们听完他的演讲。等他讲完了以后，你可以随意指出他的错误。"

如此尖酸刻薄的语言反而凸显了奥本海默的卓越才能和大家对奥本海默的爱戴。

1934 年，他搬到了位于沙斯塔路 2665 号的一个小型公寓里，它坐落在伯克利山上一条陡峭的之字路边。

他经常邀请学生们参加在他家里举行的晚宴，一起畅饮掺了墨西哥红辣椒的白酒和红葡萄酒。在这种场合，他还会要求学生们品尝他精心准备的度数有些高的马提尼酒。

不管夏天还是冬天，他屋里的窗户总是开着的。这使得客人们不得不挤到角落里，靠近屋里的壁炉。卧室里铺着从新墨西哥买来的印度地毯，墙上挂着父亲送给他的毕加索的版画。

当物理学话题谈得乏味时，谈话的主题会转向艺术或文学，有时他会建议谈谈电影。

从这所小小的房子可以看到旧金山和金门桥的美景，他称它为"世界上最美丽的港口"。从房子上面的大路看，屋子被桉树、松树和阿拉伯胶树遮蔽着。

他告诉弟弟说："我常常躺在星空下，想象自己躺在佩罗卡林特的长凳上。"

当时一位非常了解奥本海默性格的同事对此评论说："奥本海默最喜欢有一批崇拜他的学生围着他团团转。不管怎么说，这就引起了一些风言风语。"

从奥本海默开始当教师起，在他周围就聚集了一圈密友，一般都是他最有才能的学生，其中许多人几乎或迟或早地都自觉地模仿着他的举止和癖好。

他们学奥本海默那样懒洋洋地散步，模仿他掏打火机为别人点烟的特别姿势，甚至发展到学他讲话的习惯。例如，当别人讲话时，奥本海默常用带德国音的口头禅搭腔："是的，是的"，他的许多学生也养成了同样的习惯。

这个圈子里的人举止简直成了当时伯克利校园内引人注目的一种时尚。几年后，这些初出茅庐的物理学家都开始抽奥本海默常抽的切斯特菲尔兹牌香烟。人们都像他一样，当有一人掏出烟时，都会有人给他点上，顿时周围就烟雾缭绕了。

"他们模仿奥本海默的手势、动作和声调。"罗伯特·塞培尔这样回忆道。

伊西多尔·拉比说："奥本海默像蜘蛛一样位于他周围人际关系网的核心。有一次，我在伯克利对他的一群学生说了一句'我觉得你们很有天赋'，第二天，他就知道这句话了。"

那是一种近乎狂热的迷信和崇拜。埃德温·尤林说："我们不应该喜欢柴可夫斯基，因为奥本海默不喜欢他。"

人们很容易从他们的风度上识别谁是奥本海默圈子里的学生。他们处处与奥本海默形影相随。奥本海默把他们带上自己的汽车，开到华贵的"海味饭店"去进餐。他把这一切都看作是全面教育的一部分。他向学生们介绍各种名酒，以及各种佳肴的烹调方法。

在夏季，奥本海默又邀请这些学生到佩罗加特林牧场去旅游。他们白天骑马，晚上则蹲在门廊下的纳瓦霍地毯上，按他们自己的规则玩掷骰子游戏。就局外人看来，他们确实是一个特殊化的小圈子。许多人如果听到他们高谈阔论，对物理学和其他文化问题评头论足，肯定会认为他们实在过于狂妄自大。

奥本海默和他小圈子里成员的言行，着实激怒了许多人。加州工学院的诺贝尔奖获得者，物理系主任罗伯特·米利肯就强烈地反攻奥本海默。他指责奥本海默的行为"放荡不羁"，拒不批准任何提升奥本海默的建议。

在伯克利还流传着一些有关奥本海默与他那一圈人的流言蜚语，看来都属于恶意中伤。例如，有谣言说奥本海默的小圈子是一个搞同性恋的集团。

在20年之后，当联邦调查局详细地搜索奥本海默历史上各方面的材料时，竟然重新把这些破坏名誉的流言蜚语又翻出来，并记载在他们于1949年写的一份报告中。

然而，看来他们并未找到任何证据来证实这些谣言，因此再也无法追查下去。很可能这些传闻只不过说明当年奥本海默的小圈子是如何招人嫉恨，并非真正有这类丑行。

奥本海默不顾别人的议论，仍然坚持他的一贯作风，绝不容忍任何形式的愚蠢言行。

他这种对别人突然进行尖酸刻薄的讽刺加上粗鲁的态度，使局外人更加心怀怨恨。甚至在哥廷根教过奥本海默的一位性情温和的老教授詹姆斯·弗兰克，也遭受过同样的厄运。

有一次，弗兰克到伯克利做了题为"量子力学的根本意义"的讲演。在他访问期间，弗兰克也出席听了奥本海默的学生讲授的一堂课。在课堂讨论时，他提了一个问题，反映出他在这一方面知识的欠缺。

这时，从教室的另一端传来了奥本海默的声音："我不想谈论什么'量子力学的根本意义'，不过刚才这个问题提的实在愚蠢。"

奥本海默的学生们都已习惯于受他"蓝眼睛的瞪视"，也就是说，他在激怒时眼色由灰蓝色变为亮蓝色。学生们学会了怎样适应他的坏脾气，但这个圈子以外的人，则不能忍受他这种卖弄机智的刻薄讽刺。

有一次，日本著名的科学家汤川到伯克利访问，奥本海默请他到研究生班介绍他最新发现的名叫"介子"的粒子。

但汤川刚开始介绍了几分钟，奥本海默就打断了他的话，自己接过来代替他作介绍。

听众似乎认为，奥本海默对这一问题的理解与表达比原始研究者本人更好，事实也是如此。

不论奥本海默的这种行为究竟是否得体，可以肯定，他最擅长于评论别人的成果，而不是自己发表独创性的见解。

他特别善于理解别人创造性思想的实质并加以发挥，所以，显然他非常愿意当一名教师，而不是一个研究工作者。

支持共产党阵营

在奥本海默搬到加州一个月后，纽约股市就开始全面惨跌，美国经济也因此一蹶不振。

1933年，美国有许多银行宣布倒闭，无数家大小企业相继宣布破产，全国有1/4的人口陷入了失业境地。

在30年代早期，奥本海默对"经济大萧条"所带来的变化浑然不知，他没有电话机、电视机，也从不看报纸杂志。

直到6个月之后，朋友在一次闲谈中提到，他才知道股市惨跌一事。

他过着衣食无忧的生活，他所关心的全是些高尚的科学、文学、艺术以及哲学。他之后谈到，他只"关心人类及其经济，但对人类与社会的关系浑然不知"。

1933年，希特勒在德国掌权以后，政治开始侵入到奥本海默的生活。4月底，德国的犹太裔教授都被解除了工作。1934年的春天，奥本海默收到了一份传单，上面号召大家向逃出德国的物理学家提供资金支援，他立即捐出自己半年多的工资。

在接受援助的人当中，其中还有一位是他在哥廷根时教他的教授詹姆斯·弗兰克博士。希特勒刚刚上台时，他是被允许继续工作的为数不多的犹太裔物理学家之一，但是一年后被强制流放。

两年后，詹姆斯·弗兰克才在巴尔的摩的约翰霍普金斯大学教物理学。同样，1933年马克斯·波恩被迫逃离哥廷根，最后在英国教书。

到了1934年，奥本海默也无法再忽视经济不景气带给美国人民的冲击，因为经济萧条也开始直接影响到他身边的学生了。很多人必须从事底层工作，这样一来，有些人无法发挥才能和知识，甚至有些人根本找不到工作。

1934年6月底，码头工人的罢工波及加利福尼亚、俄勒冈以及华盛顿州的经济。7月16日，旧金山的工会发动了一场全面罢工，经联邦政府介入调停，直到7月底，西海岸历史上最大规模的罢工才结束。

码头工人虽然没有获得工会所要求的工资，但是很显然，罢工获得了人们对码头工人境况的广泛同情。

如此重大的事件同样引起奥本海默和他的学生们的关注，事实上，在伯克利的校园里就分成了罢工的支持派和反对派。而奥本海默则邀请一些学生和他一起参加了在旧金山礼堂举行的码头工人集会。

塞培尔回忆道："我们当时坐在高高的看台上，自始至终我们都被他们的激情所感染，和他们一起高呼'罢工！罢工！罢工！'"

后来，奥本海默还被朋友引见给了码头工人工会领袖哈里·布里奇斯。

奥本海默对学生们说："从他们身上，我开始警觉到政治和经济两者与人民生活的关系是多么密切，我也开始觉得自己有投入社会的必要。"

奥本海默也同时感受到海外的紧张气氛，同时激起了"满腔怒火"。到1936年，希特勒成为德国的独裁者已有3年之久，他大力推行反犹太人政策，迫害德国境内的犹太人，其中也有奥本海默的亲戚。

同时，希特勒的纳粹党也加入西班牙内战，与保守派的佛朗哥联手，一起对抗民众选举出来的社会主义政府。对在欧美有深谋远虑的人士来说，这两起事件都为世界的未来蒙上阴影。

慢慢地，奥本海默开始在伯克利校园里组织群众，宣扬政治及经济上的变革。他一直都十分自信、傲慢，却似乎在政治上找不到方向。

直到1936年夏天，他总算找到一个可以引导他的人，他也同时爱上了这位女士。认识她的人都说她不但长得美丽动人，而且和蔼可亲。

她的名字叫简·塔特洛克，是学校心理系的研究生，父亲在伯克利教授中世纪文学。在遇到奥本海默之前，她断断续续地当了好几年的共产党员，她介绍给奥本海默的朋友中，很多也是共产党员。

通过简·塔特洛克从中促成，奥本海默全力投入激进的政治活动中。他首先加入教师联盟，一个鼓吹提高研究生教学助理薪资的激进组织，亦不时对世界上一些超出他们控制之外的问题进行激烈辩论，并提出一些不切合实际的解决方案。

他同时也加入一些由共产党在幕后控制的组织。在他与简·塔特洛克相识后不到一年，就参加了许多组织的活动，如"中国人民之友社"、"消费者西海岸分部的同盟"和"美国争取民主与知识分子自由委员会"。

最后这个组织的目标在于拯救处于纳粹德国压迫下的知识分子，但它与前两个组织同样与共产党有联系。后来奥本海默始终不承认加入过共产党，但他对从事这些活动，一直都采取十分公开的态度。

1936年夏天，据说奥本海默在一次去纽约的3天行程中，看完了三卷《资本论》。事实上，他对马克思理论的兴趣早在几年前就开始了，他的朋友哈罗德·彻尼斯说，1932年奥本海默拜访他时，就说已经看完了《资本论》。

奥本海默后来提道："我成为一个真正的左翼分子，加入了教师联盟，结交很多共产党员。这些都是一般人在大学或高中即将毕业时所做的事，对这一切，我不曾后悔。不过，我后悔开始得太晚了。我当时所信仰的，现在看起来十分无聊，但这是成为一个成人必经的阶段。"

奥本海默看到他的学生就业困难，就积极参加了筹建"教师联合会"地方分部的工作。正是在这个组织中，他遇到了对他的一生产生重大影响的另外一个人。

他是哈康·舍瓦利耶，是加州大学法国文学的教师，也是该大学教师联合会的主席。法文一直都是奥本海默最喜欢的一个科目，所以他和哈康的关系也不错。哈康为人友善、热情，和蔼可亲并富有教养。他通晓法国诗歌、美酒和名人传记。

他本人非常聪明但并不杰出。因此，他如何能"高攀"成为奥本海默的密友，使许多人大为惊讶。因为，人们都知道，奥本海默的择友标准就是要求对方的智力与自己相当。

他们成为挚友的原因，也许是由于两人具有同样的政治兴趣，再加上舍瓦利耶对奥本海默尊敬的程度几乎接近于崇拜英雄，这样就使两人在此后 5 年之内保持了极其亲密的关系。

他在政治方面多方引导奥本海默，不过，他对奥本海默其他方面的知识、才能十分佩服。舍瓦利耶记忆中的奥本海默，是个很复杂且充满矛盾的人：

> 他个子高，人很紧张，也很热心。走动时的步伐有些奇怪，像在跑步一般，四肢摆动幅度很大，头总是倾向一侧，肩膀一边较高。头部算是最显眼的，黑色稀松的卷发，挺挺尖尖的鼻子，特别是眼睛，很不同的蓝眼，深邃且有神。
>
> 他与爱因斯坦年轻时有几分神似，同时也像个唱诗班里的大男孩。他的脸部结合了一种优雅的智慧相，以及天真无邪的气质。

1937 年 7 月，舍瓦利耶在日记里还写了一些关于奥本海默买列宁的全部著作并读完评论的情况。奥本海默在这些方面给舍瓦利耶留下了深刻的印象，舍瓦利耶评论道，尽管自己是一名老练的马克思主义者，但他从未完整地读过《资本论》。

简·塔特洛克还把奥本海默介绍给美国西海岸著名的左翼运动领袖人物，如托马斯·阿迪斯、鲁迪·兰伯特和肯尼思·梅。这些人都是公开的共产党员。10 年之后，他们都遭到众院"非美委员会"的传讯。

当时，奥本海默与其中的一些人过往甚密，特别是托马斯·阿迪斯博士，他当时是斯坦福大学的医学研究员，专门研究肾脏病。

据奥本海默说，他两人经常见面，阿迪斯告诉他最新的消息，例如西班牙内战情况。他们在一起经常描述忠于共和政府阵线所面临的绝望情景。

奥本海默同时向西班牙战争中的各种救济团体捐款，但此刻别人劝他通过阿迪斯博士与共产党的渠道捐赠。

奥本海默当时还未结婚，一年有 1.5 万美元的丰裕收入。其中教师薪金仅 5000 美元，其余为私人收入。奥本海默在思想上是很积极进步的，他对于共产党的理论很感兴趣，因此他每年向各种与共产党有关的团体捐款 1000 美元左右。

1936 年，奥本海默的弟弟弗兰克，也由纽约来到西部的加州理工学院就读物理系。他十分崇拜哥哥，因此效法哥哥投入物理方面的研究，但他却不如哥哥优秀。弗兰克也跟着奥本海默投身于政治活动，但不同于哥哥，他很快就加入了共产党。

在 20 世纪 30 年代，加入共产党对美国的年轻学子及知识分子来说并不算是件坏事。在美国许多大城市里共产党员随处可见。他们所主张的论点深受人民喜爱：激进的改革，工人合理的工资，遏止失业，支持中国、法国、苏联政府起来对抗德、日法西斯。

除了在加州参与一些左派团体外，奥本海默也阅读各类的政治书籍。他印象特别深刻的是一本由比阿特丽斯·韦伯夫妇所著的《苏维埃共产主义：一个新文明》，书中大力赞扬苏联的成就。

不过，在 1938 年，由于两位奥本海默认识且尊崇的科学家造访，令奥本海默对苏联的印象全然改观。

维克多·魏斯科普夫以及乔治·普拉切克两人刚结束一趟苏联之旅，他们所描述的，和韦伯夫妇所看到的完全不同。

根据这两位科学家所见，在苏联，人民缺乏个人自由，对政府不满的科学家或老百姓，都可能遭受不公平的审判及不合理的待遇。

在和这两位科学家朋友晤谈之后，奥本海默对苏联及美国共产党的无条件支持开始有所转变了，但依然没有停止对原来的那些与共产党有关的组织的支持和经济上的援助。

1939年8月，苏德互不侵犯条约的签订，使奥本海默与其他许多人都大为震惊，因为他们曾经把苏联与共产主义看作是抵抗法西斯的主要希望之所系。

当时在美国国内实际上已掀起了一次反对共产党的高潮，许多共产党领袖成为被攻击的目标。报纸上刊登了大量的歇斯底里式的批评，但奥本海默却未随波逐流。

事实上，即使在欧洲战争爆发以后，苏德缔约共同反对英法这件事也没有动摇奥本海默的信念。

他与简·塔特洛克又交往了一年半的时间。他们订婚后，性格有些怪异的简时常不辞而别，过了一阵子又出现在奥本海默面前，像是折磨他似的。

这类事件重复上演。简·塔特洛克开始去看心理医师，因为她十分沮丧又茫然。到了1939年，两人决定分手了。

一见钟情的婚姻

奥本海默与简·塔特洛克分手之后，又有过几次短暂的恋爱。后来，终于找到了一位使他足以将简·塔特洛克忘怀的女人。

1939年8月，他在加州工学院一次教师游园会上邂逅了基蒂·普宁，也是位左派人士。

基蒂·普宁是德国人，生于1910年，2岁时随双亲迁居美国，在匹茨堡郊区的阿斯平瓦尔长大。她父亲是该地钢铁企业的一位工程师。

当时她已是英国生理学家理查德·哈里逊博士的妻子，但婚姻并不快乐。这是基蒂第三次婚姻。

1939年8月，当基蒂与奥本海默相遇时，她与第三任丈夫哈里森刚搬进一幢公寓同居。基蒂与奥本海默在帕萨迪纳游园晚会上的初次见面，使两人都感到"震惊"。

基蒂写道："我那天对罗伯特是一见钟情。但我力图克制这种感情，因为哈里森认为，离婚会影响他这位年轻医生的前途，因此我同意继续同他生活在一起。"

但基蒂的感情无法长期隐瞒。基蒂与奥本海默两人彼此深深吸引，每次奥本海默来到洛杉矶上课，总找机会和基蒂见面。

不久，哈里森也察觉事情不对劲儿。其实，他一直想和基蒂离婚，只是要等到他在医界基础较稳定后才处理。

第二年夏天，奥本海默邀请哈里森夫妇到新墨西哥州的农庄度假。但哈里森正在准备医学结业考试，不能前往。基蒂独自访问了奥本海默的农庄。

她说："哈里森由于他自己的原因，要我单独去。"了解内情的朋友们知道事情并非真的如此。无论真相如何，基蒂与她的朋友们驱车来到了农庄。

"当时"，基蒂写道，"奥本海默和我都意识到我们彼此相爱了……"

基蒂回家之后，就采取了主动，前往内华达州雷诺城，等待住满该城法律规定的时间，以便办理离婚手续。1940年11月1日，刚办妥离婚手续的基蒂和奥本海默结婚。

结婚后，奥本海默在伯克利的生活明显地改变了。他迁出以前住的单身公寓，为自己及基蒂购置一间房子，命名为"鹰丘"。

他对政治活动兴趣降低，也较少和学生们聚在一起，他变成一位标准丈夫！他们的这段罗曼史发展之快，几乎使所有人都感到吃惊。

他与某些老朋友的交往愈来愈少，特别是那些政治界的友人。代替这些朋友的是另一个圈子里的人，不属于知识界而属于社交界。

这种变化当然是由于受基蒂的影响，因此许多人对她不满。以至于在认识基蒂的人中，除极少数外，几乎都非常讨厌她。

"基蒂是一个很会用心思的人"，奥本海默的弟妹杰基这样说，"如果她想要什么东西，总是非弄到手不可。老实说，她是我一生中少见的品行不端的人。"

尽管很多人不喜欢基蒂，但奥本海默还是义无反顾地和她一起生活，直至去世。

1941 年 5 月，基蒂在难产后生了第一个男孩，取名叫彼得，小名叫普朗多，意思是婚后早产。

这时奥本海默患了单核白细胞增多症，他们两人都希望能改换一下环境到新墨西哥去休养。但他们受孩子牵累，似乎不可能实现这个愿望。但舍瓦利耶夫妇帮了他们的忙，答应帮他们看管刚满两个月的彼得，于是奥本海默夫妇起程前往新墨西哥州的牧场。

在这个假期中他俩都遭到意外。基蒂出了车祸，奥本海默被马踢伤。然而，他们在若干年后回忆这段经历时是很高兴的，因为有人竟诬告他们在这段时间没有在新墨西哥，而在伯克利参加了一个"共产党的会议"。他们正好能举出这么多难以忘怀的事件，作为当时不在伯克利的旁证。

奥本海默夫妇回到伯克利后，就迁入伊格尔山上的新居。在这里三口之家度过了一段平稳的幸福时光。

不久，基蒂听说过去的一位朋友史蒂夫·纳尔逊来到了伯克利，尽管纳尔逊现在是一个地区的共产党组织负责人，基蒂仍然邀请了纳尔逊夫妇和孩子到新居来聚餐。

这是奥本海默第一次与史蒂夫·纳尔逊见面。据基蒂说，"他们之间的谈话纯粹是客套。"

在此以后，基蒂曾见过纳尔逊几次，有时她一人与纳尔逊上小饭馆吃饭，有时去看望他的一家。在之后的一年半内奥本海默夫妇两人不时在旧金山及伯克利两地的宴会及政治聚会上和纳尔逊及他的同志们碰面。

与纳尔逊等共产党人的交往为这期间奥本海默开始参与的军方工作带来很多麻烦，甚至一直影响到奥本海默晚年的生活。

提出天体物理学新理论

今天的物理学家一致同意，奥本海默最伟大、最具创造性的成就就是他在 20 世纪 30 年代末，也就是在与基蒂的热恋时期，他对中子星所做的研究，天文学家直到 1967 年才观察到中子星这种天文现象。

奥本海默对天文物理学的兴趣首先被理查德·托尔曼点燃，理查德把他介绍给了在天文台工作的天文学家们。

1938 年，奥本海默和罗伯特·塞培尔撰写了题为《论恒星中子核的稳定性》的论文，探讨了高度压缩的"白矮星"的某些特征。

几个月后，他和他的另一位学生乔治·沃尔科夫合作发表了一篇题为《关于大规模中子核》的论文。他们推测，在达到中子星的质量过程中存在着上限，这个上限现在被称为"奥本海默—沃尔科夫极限"，超出这个上限中子星就变得不稳定了。

9 个月后，也就是 1939 年 9 月 1 日，奥本海默和他的另一位学生哈特兰·斯奈德合作发表了题为《论持续的引力收缩》的论文。当然，历史上的这一天因为希特勒入侵波兰导致第二次世界大战爆发变得人所共知。但是，对于科学界来讲，那一天论文的发表也是一个重大的历史事件。

物理学家和科学史学家杰里米·伯恩斯坦称那篇论文是"20世纪物理学中最伟大的论文之一"。然而，论文当时却没有引起人们的关注，直到几十年后物理学家们才发觉，早在1939年，奥本海默和斯奈德就已经开启了通向21世纪物理学的大门。

他们以提问作为论文的开头，即一个自身开始燃烧并将耗尽燃料的大星体将会发生什么？他们计算表明，超出某种质量范围的星体，这质量大约是太阳的2~3倍，在自身重力的作用下会持续不断地被压缩，而不是蜕变成"白矮星"。

凭借爱因斯坦的广义相对论，他们分析道，星体能被"奇点"轻而易举地吞噬，甚至光波也不能逃离环绕于周围的重力所带来的拉力。因此从远处看，星体确实已经消失了，把自己与宇宙的其他部分隔离起来。

他们论文中写道："只要重力持续施压的话，这种现象就会存在。"

也就是说，他怀疑太空中有体积很小、密度很高、已经毁灭的星球存在，也就是所谓的"黑洞"，虽然当时他们没有使用这一术语。

因为这篇论文既奇妙又怪诞，长时间被认为是数学上的狂想，所以它的重要性被人们忽视了。

直到20世纪70年代早期，当天文观测技术赶上理论的发展时，才有大量的黑洞被天文学家们观测到。随着射电望远镜技术的发展和计算机的出现，黑洞理论成为当时天文物理学的核心理论。

"回顾过去，奥本海默和斯奈德的工作以精确的数学方式表达了黑洞的蜕变过程"，加利福尼亚理工学院的理论物理学教授索恩说道，"对生活在那个时代的人来说，这个理论是很难理解的，因为用数学方法表示出来的事物，不同于任何表示宇宙物体怎样运行的图画。"

塞培尔回忆道：

奥本海默对所有的想法都抱有怀疑的态度。他善于质疑的个性使他发生了转变，他抛弃了对传统理论的盲目迷信，主张有时要对传统理论进行大胆的怀疑。

在黑洞理论上取得突破性的成就后，他的怀疑精神把他导向对另一问题的研究，关于介子理论的研究。

奥本海默的物理学界的朋友和同事们一致认为他是一个天才。他们曾在一起讨论了为什么他没能获得诺贝尔奖。

"罗伯特的物理学知识博大精深"，尼德尔斯基说道，"可能只有泡利在物理学上的造诣胜过他。"

与许多人一样，诺贝尔奖垂青于那些甘于奉献，周密制订计划，合理安排时间，善于抓住机会，才能卓著的人。

奥本海默虽然甘于奉献，孜孜不倦地专注于理论物理学研究，从不放过感兴趣的每一个问题，同时他也才高八斗，但他没有周密的研究计划，他的时间安排是随意的。

诺贝尔奖最终只授予在某一领域里取得卓越成就的科学家，然而奥本海默的天才在于他具有整合整个领域研究成果的能力。许多诺贝尔奖获得者坦率地认为，奥本海默是当代最聪明的科学家之一，但他却缺少某种必要的气质。

对此，一位研究生大卫·波姆认为，奥本海默在研究工作中失败的主要原因恰好是使他在教学方面获得成功的原因："他博学多才，但不求甚解。他不愿意集中精力去钻研一个具体问题。他具有这样的才能，但却缺乏必要的耐心。"

埃德温·尤林是他的学生，1934~1936年，在他的指导下做博士后的研究。他回忆道：

奥本海默是一个充满想象力的人，他的物理学知识是综合性的。我不认为他的成就没有达到诺贝尔奖的要求。他没有获得诺贝尔奖可能只是因为评委会认为他的成果不够令人激动。

对于奥本海默没能获得诺贝尔奖的原因众说纷纭，但对他能力的评价却是出奇的一致。

参与原子弹研究

1941 年 6 月，德国军队入侵苏联，此举令奥本海默及很多人了解到美国卷入战争只不过是时间早晚的事了。

随后的日子里，奥本海默的思想经常会处于剧烈的波动中。虽然他深爱妻子，而且对新的家居生活十分满意，但他总觉得自己未能在打击全世界民主国家的共同敌人纳粹政权方面贡献一己之力。

很多在学校的教授、学生都相继投入军事上的研究，最显著的是在雷达方面的研究。

在 1940 年夏天的英伦战争中，还以此打败德军。奥本海默很想加入研究行列，却苦于无入门之道。

让奥本海默料想不到的是，此时美国政府正在准备实施由许多流亡美国的科学家竭力推动的一个提案：利用铀等元素分裂技术，赶在德国人之前研制出一个超级炸弹。

更令他想象不到的是，后来他竟会成为这一震惊世界工程技术上的领导者，以巨大的成果实现了为国做贡献的愿望。

奥本海默的好友劳伦斯是此项目的参与者，因为劳伦斯是实验物理学家，急需理论上的支持，奥本海默曾经在伯克利帮助过他，那次是从理论上对核物理涉及的回旋加速器和电磁方法分离铀-235同位素进行分析。

1941年10月21日，成立不久的专门负责原子弹项目的国防研究委员会在斯克内克塔迪召开会议。奥本海默受邀参加，劳伦斯说："我非常相信奥本海默，我很想听取他对我们讨论的意见。"

在会议举行之前，劳伦斯就劝告奥本海默退出"美国科学家联盟"这个激进组织。

他说："我们要计划与战争有关的大事，身为那个联盟的一员就显得很不对劲。我不希望到时候有任何政府人员来找我们麻烦。"

一开始，奥本海默就知道这是100多位顶尖科学家的第一次会议，他们正尝试找出利用可分裂的材料，如铀元素等来制造超级炸弹，也就是原子弹的方法。

对于整个制造过程，当时仍然毫无头绪，但其中与会的一些科学家则坚持这个研究应该立刻着手进行才行。

奥本海默对这个会议的内容十分感兴趣，很高兴被邀请参加。但因为所谓的"左倾"活动使他差点被禁止参与研究，当时他对此毫不知情。

然而劳伦斯说服其他科学家，坚称奥本海默是位效忠国家的公民，应该列入研究之列。

会前，奥本海默做了些初步的计算，制造一颗炸弹，至少需要100千克的铀原料。这个估算的确有些偏高，后来的事实证明也确实如此。

在斯克内克塔迪会议结束时，对于原子弹可能产生的威力也进行了估计。从理论上说，1000克铀可以产生相当了几百吨TNT炸药的能量，然而，即使在最理想的情况下，猛烈的核反应也将在极短时间内将炸弹本身炸碎。

因此，科学家们估计，原子弹爆炸的能量最多不会超过其潜在能量的1/10。

根据奥本海默估计的临界质量大约为100千克，这就意味着原子弹爆炸的威力可能相当于几千吨TNT炸药，这是科学家们第一次面对面地看到了他们准备制造的新式炸弹的威力。

在1938年的实验后，人们清楚地知道只有一种铀的同位素才可以进行分裂，这使得问题更加复杂。这种适合炸弹制造的元素为铀-235，在提炼上十分困难而且费时。

在1941年，只有极少量的铀-235被成功地提炼出来，但科学家所需要的不是一小撮的铀，而是一马车之多。没有人知道，这需要多久时间才能完成。因为这是史无前例的工作。会后，科学家们各自回岗位，以悲观但坚定的心态开始思索这个问题。

奥本海默回到加州后，劳伦斯对"左倾"活动的警告一直在他心里盘桓不去。11月12日，他写了封信给劳伦斯，透露他退出联盟的决定，信上写道：

> 我保证以后不会再有联盟那边的问题，我怀疑，在这
> 节骨眼上，会有任何人支持这类团体，来影响、分化或干
> 涉我们手边正在筹划的大事，所以你大可放心！

3个星期后，他参加了另外一个左派政治团体的会议，主要目的是帮助西班牙内战的受害者。此时西班牙内战结束后民主选举出的政府被打败，希特勒的盟友佛朗哥仍然称霸西班牙。

这个会议后来变得很消沉很悲哀，奥本海默怅然地离开会场，心中若有所失，这是他参加的最后一个左派会议。

第二天，也就是12月7日，日本轰炸美国夏威夷的珍珠港，迫使美国参战。几个星期后，奥本海默贡献国家的心愿也得以实现。

事实上，在1938年，原子分裂研究成果的消息一传出，奥本海默就有了原子弹这个概念了。

他的学生菲利浦·摩利森回忆道："这消息传出后大约一个星期，在老师办公室的黑板上，就出现了一个很令人憎恶的草图，一个炸弹的草图。"

1930年，科学家对原子性质的了解已有了长足的进步。原子物理被视为是一种好玩的嗜好，一种与日常生活没有太大关联的活动，一般民众不会对它产生兴趣，军政人员也差不多如此。

1938年，德国化学家奥托·哈恩利用英国物理学家查德威克新发现的中子撞击铀元素，来探讨铀的特性改变。在与迁居瑞典的德国犹太裔女科学家莉泽·迈特纳探讨后发现，除了铀分裂出新元素外，更惊人的发现是铀在分裂过程中所释放出的高能量。

迈特纳以及美德两国的科学家很快地计算出：每个铀原子，在分裂后释放出的能量，竟高达2亿伏特！这个数字，对单一一个原子来说可真是天文数字。

几天之后，这个消息便传到位于加州的奥本海默耳中，他告诉一位同事说："铀元素十分复杂，我认为铀元素十分值得研究，不是以一种草率的方式，而是以一种诚实正当的方式来进行。"

之后，他又重新评估这项发现所将带来的"好处"。他写信给另一位同事提到，少量的铀，就"可能呼风唤雨"。

总统支持原子弹研究

哈恩发现铀分裂的同时，奥本海默的老师、著名的丹麦科学家波恩正在纽约作研究访问。

波恩一向反对德国希特勒特权，他运用影响力，协助许多科学家逃离德国，并在哥本哈根他所主持的知名物理研究中心安排他们工作的机会。

波恩这次的美国之行，是在一些研究会议上发表有关原子物理方面的演说。他也趁此机会非正式地讨论欧洲政治形势，并且为这些流亡科学家们安排前来美国大学的机会。

波恩也和在美国的科学家们一样马上就体会到铀分裂的意义：现在，至少在理论上，可以制造出一个超级炸弹了。他还对铀分裂做了进一步的研究，并取得了更大的成果。

美国的科学家，在由德国逃出的流亡科学家带头之下，开始要求政府拨款支持铀元素的研究。

1939年3月，这群科学家决定和美国海军有关人员作第一次会谈。恩里科·费米以曾获诺贝尔奖之殊荣，被推举前往纽约与军方会面。费米首先说明历年来的研究成果，并解释为了制造炸弹仍需突破之处。

为了解决这些技术上的问题，需要政府拨款支助。他也强调这个研究势在必行，因为科学无国界，美国科学家所做的研究、发明终究也会被其他科学家发现，不管美国政府承认与否，它必须与德国政府相互较量，看哪个国家先制造出原子弹。

由海军总司令史丹佛·胡伯所主持的海军委员会对费米的要求并不十分热衷，对这些海军将领来说，这项新型武器太过神奇、不可思议，而那些研究细节又太过于烦琐。

最后，海军方面并没有拨款协助，只是口头上承诺，会再作评估。这个冷淡的反应让费米十分灰心、失望。

同时，在纽约的这群科学家们都劝阻波恩不要发表他对铀元素所作的演算结果，因为这些资料不该被公开，一旦发表之后，被德国政府及纳粹党手下的科学家知道，马上可能利用这些资料着手进行炸弹的制造。

尽管波恩本人也痛恨纳粹政权，他却对保密一事不以为然。波恩深信，科学家是不分国籍的，而科学也因每个研究者将其研究成果公开接受批评、审查才得以延续下去。

自 18 世纪，以"启发式"的公开方式取代了早期的秘密研究以来，科学界就一直是以公开的传统在运作。因此，波恩坚持，研究成果的保留不公布将阻碍科技进步，由此所带来的偏执、互不信任的心态对大家都没有好处。

波恩和其他科学家仍争论不止，直到 3 月 18 日，居里夫妇在英国一科学刊物《自然》上发表了一篇论文，其中发表的结果，与波恩所发现的相差不远。

因为这篇文章，铀矿的神秘就此公之于世。对这些在美国的科学家来说，一场武器制造竞赛就此真正地展开了！

把铀矿转变为一项武器，仍有好长的一段路要走。有科学家估计成功的概率大概有 10%。这么低的成功率足以吓倒大多数人，但是从匈牙利逃亡到美国的 3 位科学家西拉德、威格纳及泰勒却不愿轻易放弃。尽管 3 人尽力说服政府官员支持这项计划，但他们的努力却得不到任何回应。

1939 年 7 月，西拉德几乎到了绝望的地步时，他突然想起一个人可以协助他们。那就是诺贝尔奖得主爱因斯坦，他所提出的保证无人会拒绝，恰巧爱因斯坦正在长岛避暑。

7 月 30 日星期日，泰勒先开车到曼哈顿去接西拉德，两人一起驱车前往爱因斯坦的住处。

西拉德向爱因斯坦解释，铀元素的分裂作用将导致一连串连锁反应，释放出极高的能量。爱因斯坦十分惊讶，身为和平主义者，且一向接触抽象的概念问题，无疑地，他对这类实用且具军事作用的铀元素极少接触。

西拉德紧接着强调，一项全面性的大型研究必须立即展开，以抢在德国政府之前制造出原子弹。此时的爱因斯坦撇开平日对军事研究的憎恶，同意西拉德的论点，并一起拟了一封信，给一位能协助早日达成目标的人，那就是当时的美国总统富兰克林·罗斯福。

在信上，爱因斯坦以简洁直叙的方法写道：

总统阁下：
    我读到了费米和西拉德近来的研究手稿。这使我预计到，元素铀在不远的将来，将成为一种新的、重要的能源。

考虑到这一形势，人们应该提高警惕。

必要时，还要求政府方面迅速采取行动。因此，我的义务是提请您注意下列事实：在不远的将来，有可能制造出一种威力极大的新型炸弹。

为此，我建议，请授权一位您所信任的人士，使他可以非正式地和各政府机关联络，经常向他们报告全部研究情况，并向他们提供建议，特别是要努力保证美国的铀矿石供应。同时，和有关人士及企业界实验室建立联系，来促使实验工作加速进行。

据我所知，目前德国已停止出售它侵占的捷克铀矿的矿石。如果注意到德国外交部次长的儿子在柏林威廉皇帝研究所工作，该所目前正在进行和美国相同的铀的研究，就不难理解德国何以有此举了。

西拉德与爱因斯坦将这封信交给亚历山大·萨克斯，他是罗斯福总统的朋友，也是前任幕僚之一。虽然萨克斯本人不是科学家，但他也了解到这封信的重要性，于是立刻打电话至白宫，安排在9月初与总统会面。但其他事件的发生却迫使罗斯福总统的行事有所变动。

1939年9月1日，德国入侵波兰，几天后，法国、英国对德宣战，接着，德国在远东的盟国日本也对英法两国宣战。

萨克斯终于在10月11日见到了罗斯福总统。他将爱因斯坦的信面呈总统，萨克斯也乘机为总统说了个历史小故事：

"以前有位不知名的发明家，在一场长年苦战的关键时刻，毛遂自荐为一位皇帝服务。他告诉这位皇帝他可以为他建造一个船队，这些船不必靠风力就可以直驱敌人的腹地。因为这些船是以引擎驱动，而不是靠风力，因此水手们可以在任何气候下出航。这个皇帝认为这些是荒谬的无稽之谈，就把这位发明家冷淡地打发走了！故事中的皇帝就是拿破仑，他的军队在1815年一场决定性的战役中被英军击败。而这位发明家就是罗伯特·富尔顿，之后他制造出第一艘蒸汽船。"

在这个警告性的故事提示下，罗斯福总统很专心地听取萨克斯其他的报告。当萨克斯结束报告后，总统召见了他的助理——艾德温·沃森将军，他将爱因斯坦的备忘录交给沃森将军，并再加上一句简短的"照办"。

这些政府官员对总统交代的事项并没有立即采取行动，慢慢地，在科学家不断的催促下，开始有了回应。

在科学家的要求下，第一个领导组织总算诞生了，这个名为"铀咨询委员会"的组织，是由当时的标准局长、物理学家里曼·布里格斯主持。但将近两年的时间里，却没有什么进展。

1941年春天，英国一个名为"莫德委员会"的高级秘密组织推出了一份报告。报告说，一种以钚或者铀为原料的炸弹有可能在两年内研制成功。

总统科学顾问威能瓦·布什看到报告后，在7月中旬给罗斯福总统的信中说："尽管研制原子弹困难重重，但有一点很确定，原子弹爆炸能产生相当于现在炸弹成千上万倍的威力，它的作用将是决定性的。"

布什的信直接推动了罗斯福总统成立了一个直接受命于白宫的拥有更大权力的委员会，这就是国防研究顾问委员会。

这个顾问委员会是由罗斯福总统的科学顾问威能瓦·布什及詹

姆斯·科南特共同主持。成员包括：陆军部长亨利·史汀生、总参谋长乔治·马歇尔，还有副总统亨利·华莱士。这些人知道他们在和德国人比赛，这是一场可能决定胜负的比赛。

随后，阿瑟·康普顿、劳伦斯、恩里科·费米和尤金·威格纳、布莱特、莱奥·西拉德等，包括好几位诺贝尔奖获得者在内，一批出色的科学家，开始了制造原子弹的前期设计理论上的准备和实验工作。

成为研究的负责人

在斯克内克塔迪会议后的几个月内，奥本海默继续进行计算工作，并向劳伦斯和康普顿提出建议。

奥本海默在会议期间表现出的沉稳和智慧给康普顿留下了深刻的印象，他对奥本海默非常赞赏，所以 1942 年 1 月全力邀请他参加原子弹计划。

当时康普顿为了改组原来的铀咨询委员会，经常派一些亲自挑选的人员去充实薄弱环节。

他安排奥本海默与格利哥里·布莱特在一起工作，共同负责加速中子研究项目，这项工作对整个工程至关重要。当时布莱特的头衔是"快速破裂"项目的协调人，这个项目名称引起了奥本海默的兴趣。

但布莱特本人却是一个极端谨小慎微、难于相处的人。他俩在共事后的 4 个月内，非常难于合作。布莱特一是感到奥本海默咄咄逼人，二是觉得康普顿不支持他。

而奥本海默则不得不与布莱特固执己见的个性和束缚手脚的保

密观点进行斗争。

当时小组中的一个成员艾利森说："布莱特总是害怕在小组中泄露了什么意图，而奥本海默则相反，他唯恐这些意图没有让小组成员所理解。我支持奥本海默的观点并要求布莱特放宽检查制度。布莱特责备我麻痹大意、故意与他作对。结果，我的建议未获通过。因此这些讨论会上什么问题也不能谈，开得空空洞洞，一无所获。"

最后，布莱特被迫让步。1942 年 5 月 18 日，他提出辞职并完全脱离了原子弹研究工作。奥本海默单独负责这个项目。这样一来，奥本海默在珍珠港事件前夕最后一次参加"帮助西班牙退伍军人大会"后仅仅 6 个月，就跃居原子弹计划的关键岗位。

他早在 1942 年初已经停止通过共产党向慈善机构捐款。奥本海默说："我已经为西班牙的事业做得够多了，其实世界上还有其他更紧迫的危机。"

然而，在若干年后，有人却不认为这表明奥本海默对政治丧失兴趣，甚至表明他根本没有固定的政治信仰，反而无中生有地说，这是奥本海默以共产党员的身份钻进了美国原子弹计划，从而扮演了一个危险的新角色。

可是，奥本海默当时的所作所为却完全和这些人臆造的离奇情节相反。1942 年初，当他填写保安调查表时，他非常坦白地承认，虽然他从来没有正式加入共产党成为党员，但"几乎参加了共产党在美国西海岸的所有外围阵线组织。"

按常理推断，这样痛快地阐明自己的政治身份，完全不像某些人所说的预谋混进一项秘密工程的人。

当奥本海默接替了布莱特的工作后，他清醒地认识到，有必要对原子弹内部机理的研究工作进行一次彻底审查。

譬如说，自从他对原子武器的临界质量进行理论计算后，并未进行过任何实验来肯定或否定他的计算结果。这就意味着到那时为止，科学家们实际上并不确切地知道制造一枚原子弹究竟真正需要多少铀-235，是 2 千克呢？还是 20 千克呢？或者是 200 千克呢？

在芝加哥大学有一组人已经开始研究这一问题，同时奥本海默也组织了一批理论物理学家探讨他们所能给出计算结果的准确程度，以便给工程师们提供设计依据。

1942 年的整个夏季，这个小组定期地在利肯大厅顶层的两间屋顶室中开会，这座大厅是伯克利的行政办公楼，奥本海默的办公室就设在这里。

他们的会议是在当时最严密的保安措施下召开的。两间屋顶室的窗户和通向阳台的出口都用钢丝网钉死，而门上装了只有一把钥匙的专用锁，钥匙由奥本海默本人掌握。

由奥本海默亲自挑选的这个小组是一支出色的队伍，其中包括，斯坦福大学的瑞士科学家费利克斯·布洛赫；罗伯特·泽尔贝尔，他曾是奥本海默的学生，现在伯克利工作；约翰·凡·弗莱克也是未来的诺贝尔奖获得者；还有逃离欧洲来到康奈尔大学的德籍物理学家汉斯·贝特和匈牙利籍物理学家爱德华·泰勒。

当他们开始集会时，手头只有一些小规模的、分散的研究结果，其中最重要的材料是从英国送来的，另外有一些是布莱特手下几个小组的研究报告。

一开始，他们希望得到一些能表明未来原子弹破坏力及其后果概念的材料。

于是他们着手研究历史上发生过的大爆炸事件，例如，1917 年加拿大哈利法克斯市港口内一艘满载军火的商船爆炸的后果。

这次相当于 5000 吨 TNT 炸药当量的大爆炸，彻底摧毁了哈利法克斯市中心区大约 6.5 平方千米内的一切建筑，造成 4000 人死亡。

正在研制中的原子弹威力，预计要比这次爆炸大好几倍，因此，其效力可以由哈利法克斯惨剧的破坏效果按放大规律进行推算。通过这样的估计，使奥本海默和他的同事们有可能更加具体地设想原子弹的毁灭能力。另外，他们研究了原子弹的基本形状、结构、尺寸等。

奥本海默提出，需要注意核裂变装置的基本设计，必须小巧到可以保证能实现军事上的运输。

他们认为，要爆炸的原子弹形状应当像一个团球，铀芯被包在又厚又重的金属壳内。外壳有两个作用：一方面它应能在爆炸的最初千分之几秒内将爆炸物质约束住，不使其飞散；另一方面它又能把泄漏到铀芯以外的中子部分地反射回去参与裂变过程。

他们必须弄清楚，在这样短的爆炸过程中，裂变反应究竟能进行到多么完全的程度。汉斯·贝特过去研究太阳内部的核反应时，已做出了一个相当精确的计算模型，可以用于计算原子弹内部所发生的过程。

几周之内，这个小组不仅已研究与整理了已有的研究成果，而且弄清楚了最后制成原子弹之前还需要经过多少步骤，并肯定了原子弹制造在总体上是可行的，但需要组织大规模的科技和工业资源，也就是说制造原子弹必将是一项巨大的工程。

罗伯特·泽尔贝尔以及其他许多人都为这个组取得的迅速进展而庆幸，他把这个成绩归功于奥本海默的非凡领导才能。

爱德华·泰勒也认为他们的进展出乎意外，他也同样把成绩归功于奥本海默。

他说："奥本海默作为全组的领导人，表现出一种精明能干、稳重而又平易近人的气质。我不明白他是如何学会这种领导才能的。凡是过去了解他的人都为他的这种变化吃惊。只有一个政治家或行政管员才会具备这种才能。"

"不仅如此，奥本海默所固有的那种天赋，即思想敏锐，能领会别人思想而加以阐明并进行指导的能力，对他的工作同样是非常宝贵的。他早年那种彬彬有礼的风度，现在更为老成，形成了一种既严肃而又使人感到温文尔雅的魅力，而且他善于利用这种风度待人接物，使对方产生最好的印象。"

然而，当爱德华·泰勒在6月初向他提出制造威力更大的氢弹的建议时，奥本海默这种出众的才能似乎遭到严峻的考验。

主持核试验

1942 年上半年，第二次世界大战进入关键时期，为了监督日益扩展的计划，布什和科南特便在 9 月指派一位军方领导人莱思利·格罗夫斯上校负责日常的整合协调，全力组织实施这个研制原子弹的绝密工程。这就是著名的"曼哈顿计划"。

格罗夫斯 46 岁，体格魁梧，出生在一个长老会家庭。他是一位尽职的陆军军官，也是一位颇有经验和实务的工程师，刚结束在首府华盛顿的作战指挥部五角大厦的建造工作。

接受任务后，格罗夫斯随即被晋升为准将，并赋予他在这个工程上的最高权力。上任伊始，格罗夫斯就安排购买了 1200 吨富铀矿石，并下令在田纳西州征用了一块地用于铀的提炼。

格罗夫斯上任后发现了很多问题，他相继访问了匹茨堡、哥伦比亚和芝加哥几个相关的实验室后对他的信心打击很大，特别是一些关键数据过了一年了还没有什么明显的进展。

随后，格罗夫斯讨论一个更难以解决的问题就是关于原子弹的前景。他将与负责原子弹设计工作的科学家，"快速破裂"项目的协调人罗伯特·奥本海默探讨这一问题。

奥本海默在参加原子弹研制工作以后的这一年里，不仅对这项工作的技术与管理问题感到极大兴趣，而且还发现了自己的领导才能。

奥本海默感到对别人的活动进行指导与组织协调工作特别适合自己。正如他在当年夏季已经表现出来的那样，他具有非凡的感染力和说服别人的本领，他有能力可以将性格完全不同的一批人组织起来成为一个很有效的工作集体。

奥本海默能够及时抓住讨论中不同意见的实质，并引导他们不离主题。同时，他对科学知识的涉猎面很广，但却并不深入，这一点特别适合于处理研制原子弹过程中所遇到的极为广泛的各种问题。因此，由于种种原因，奥本海默很希望保持他在研制原子弹计划中项目负责人地位。

就格罗夫斯而言，他已到达了这次行程的终端，心中感到十分惶惑与沮丧，因此渴望得到别人的指点。他发现奥本海默具有正确评价各种技术方案的杰出才能，奥本海默不像其他科学家那样津津乐道地推销自己偏爱的某种方法，而是愿意花时间把科学上的问题症结所在向他阐述清楚。

奥本海默和格罗夫斯似乎十分投缘，格罗夫斯直爽、没耐心的举止态度竟和奥本海默的"劣根性"很相似。

他们1942年10月8日在伯克利首次见面后，格罗夫斯对奥本海默的印象就如此之深，他认为，奥本海默是位奇才，而且有领导的能力，完全可以带领着一群性格各异的科学家达成目标，协助他来完成"曼哈顿计划"。

一星期之后，在他归途中再访芝加哥时，他通知奥本海默也飞往芝加哥与他同乘著名的 20 世纪公司的豪华特别快车返回纽约。

在列车上的狭窄包厢里格罗夫斯和他的两名军人助手尼科尔斯与马歇尔，和奥本海默同坐在一起交谈了好几个小时，研究采用何种最好的方式组织原子弹的研制计划。

当时奥本海默已经遇到的问题之一，就是这项计划的高度保密要求对于研究工作产生了极为不利的影响。他曾经发现，如果在实验室工作的科学家对于自己所从事的研究工作的最终目的一无所知，则对于该项研究必定毫无积极性。

奥本海默认为，不应容许再发生类似这样的情况。因此，他建议把所有的研究人员集中到一个实验室里，这样就可以在那里完全自由地讨论问题，相互激发灵感，而这个实验室对外界则应绝对保密。

这种方案正和格罗夫斯自己考虑过的一样，因此他很高兴发现有这样一位科学家，不仅认识到保密问题的重要性而且还认真地考虑了实际解决问题的办法。然而，就格罗夫斯而言，他之所以提出只限于在一个实验室内交流情报的这种主张，还有着他自己的偏见。

格罗夫斯认为，科学界高度推崇的这种学术交流，完全没有必要，只是浪费时间。他不希望在他领导下的科学家们参加什么"大学里的学术交流，讨论各种新概念，彼此相互学习等。"

在他看来，最理想的是最好取消一切交流，但他也认识到这样做是行不通的。因此格罗夫斯认为，奥本海默所提出的这种组织一个综合性实验室的想法，至少可以保证每位科学家只限于做本计划之内的工作，这可能是一个比较合理的折中方案。

格罗夫斯决定按奥本海默的建议采取行动，首先要为这个新的原子弹实验室选址。这件事早已超出了他所接受任务的范围，但格罗夫斯并不介意。他经常按照"与其犹豫不决,不如采取行动"的格言行事,而这也并非第一次。与此同时,他开始确定新实验室的领导人。

格罗夫斯中意的第一个候选人是厄尼·劳伦斯。但由于格罗夫斯在电磁分离铀同位素的方法上下了非常大的赌注,他不想冒险把劳伦斯从目前的岗位上调开,以免田纳西的工厂有落空的危险。

格罗夫斯的第二个候选人是奥本海默,虽然他缺乏行政管理经验,又不是诺贝尔奖获得者,不像格罗夫斯所希望的那样,在科学家中具有"原子弹研制任务领导人所应有的那种威信"。

但格罗夫斯还是决心支持奥本海默。他呈报军事政策委员会,提名奥本海默担任实验室的领导人。可是随之而来的是他意想不到的一次打击。

美国联邦调查局听到奥本海默可能被考虑担任这个重要职务的消息后,立即通过"曼哈顿计划"内的保安机构与格罗夫斯接触,警告他说,联邦调查局认为根本不应该让奥本海默参加这项计划的任何一项活动。

但格罗夫斯说:"对于这类重要的保安问题,我向来有自己的做法。我亲自阅读了所有的原始材料,我不想依靠保安官员来代替我做出结论。"

格罗夫斯所阅读的材料中包括奥本海默本人填写的保安认可调查表,以及联邦调查员的调查材料。这些证明材料主要涉及奥本海默过去与各种左翼组织的联系以及与许多知名的共产党人的关系。

由于美国联邦调查局不断扩大它的侦察活动范围,奥本海默的档案材料仍在不断增加。格罗夫斯可能也阅读过表明奥本海默具有"潜在危险"的那些材料,这是比战前的那些历史材料更有说服力的。

虽然当时苏联是美国对德作战的盟国，而且斯大林格勒战斗还正处于高潮，但美国已经非常注意共产党的活动，认为他们企图取得各项秘密计划的情报并传递给苏联。

根据最近生效的"情报自由法案"，公开了一大批美国联邦调查局在战时所调查的原始材料档案，其中就包括当年格罗夫斯据以做出判断的那些材料。

例如，有一份记载日期为1942年10月10日的技术监听材料，其中记录了某地共产党总部内一次会议上的谈话，据该报告记载，这些谈话是采用电话麦克风技术装置监听而记录下来的。

会议的参加者有史蒂夫·纳尔逊，就是奥本海默夫妇的朋友，还有劳埃德·莱曼和一个无名的第三者。

在这份报告的总结中写道：

> 在讨论中，劳埃德告诉史蒂夫一则消息，这是与正在发展中的一种重要武器有关的。
>
> 史蒂夫谈到一个人，并说此人现在极度紧张不安。此人过去一向很活跃，现在不活跃了。此人被美国政府看作是"赤色分子"，但被批准留在研究计划内工作，因为他在科学界很有声望。
>
> 史蒂夫又说此人曾经在教师联合会的委员会以及西班牙委员会中工作过，而此人不可能掩盖他过去的历史。

技术监听装置的监听员认为史蒂夫所讲的"他"，指的就是罗伯特·奥本海默。

上述报告表明，共产党人当时已经知道了原子弹研制计划，即使他们不知道细节也知道了梗概，而且报告还表明奥本海默过去所接触过的共产党员对他仍然感兴趣。

尽管格罗夫斯看到了这一类证明材料，他仍然认为奥本海默的能力非凡，足以抵消他可能成为保安危险分子的风险，因此格罗夫斯几乎立即做出安排，让奥本海默陪同他一起去选择新实验室的地址。

然而，"曼哈顿计划"的保安小组不同意这样的判断，他们拒绝签发奥本海默的保安许可证，至少是暂时扣住不发，同时继续进行调查。

而军事政策委员会的决定深受军方情报人员的影响，在他们眼中，一个前任未婚妻、现在妻子、弟弟及弟媳曾经是或一直是共产党员的人选，实在不适合这个国家最高军事机密研究室领导人一职。

不过，格罗夫斯真正担心的是研究的进度而不是奥本海默的个人身份问题。经过格罗夫斯反复游说，10月中旬，他终于获得批准，聘请奥本海默出任这个新实验室的领导人。

负责筹建实验室

对于制造原子弹实验室的选址工作，许多人曾经提出过建议，但其中除了两处以外，全都被否决了。

格罗夫斯否决了将实验室建在洛杉矶以北圣贝纳迪诺的建议，因为洛杉矶的吸引力太大，容易招致工作人员破坏安保规定进入市区。

另一处地址在内华达州雷诺城附近，由于该地冬季气候太坏而被放弃。最后，选址的范围缩小到新墨西哥州的几处可能的地点。

该州的主要城市阿尔布凯克，虽然铁路与空中交通非常方便，但四周郊区却很少有居民，而且难于通行。

一开始在该市周围有 5 处地方可供选择，但到 1942 年 11 月中旬，格罗夫斯同奥本海默出发考察时，候选名单上只剩下两处：杰姆兹泉和奥本海默本人建议的一处，位于新墨西哥州中西部的洛斯阿拉莫斯。

他们首先视察了杰姆兹泉，这是一个狭长形的峡谷，三面被高耸的峭壁包围，很难见到阳光。格罗夫斯担心现有的房子太少。奥本海默则考虑到此地过于荒凉，因此他们继续前进。

他们乘坐不带标志的车子，沿着坎坷不平的山路由杰姆兹泉蜿蜒而上，进入杰姆兹山区，驶向洛斯阿拉莫斯。

洛斯阿拉莫斯，西班牙语是木棉树的意思。事实上，在这海拔2500米高的地方，根本很少见到木棉树，反倒是浓密松树及灌木围绕左右。

周围的山色十分壮观，从基地上的某些角度，还可以远眺群山背后，一片延伸至地平线的大沙漠。

这一小组人在途中经过的乡村就是奥本海默在过去15年间曾经迷恋过的地方，在他20多岁时，常在附近纵马驰骋。

随后他带格罗夫斯去参观了位于海拔2100米高的洛斯阿拉莫斯寄宿制儿童学校，在他们视察的地点已经准备好了住处，而且有水电供应。

汽车终于到达崇山峻岭间的一处基地，他们看到了一些分散的木屋和校舍。

这所学校以善于在户外环境中培养学生而著称。穿着童子军装的孩子们在田野间用好奇的眼光注视着这一小批人：他们下了汽车，并端详着地图，眺望周围的原野，之后又谈论着什么。

这里环境幽美，山色秀丽，但格罗夫斯却只关心实际问题。该地的一个大好条件是有现成的校舍，但也有若干缺点：水源仅够目前居民饮用；电力线有待架设；由圣塔菲通往学校的那条蜿蜒的沙砾小路需要彻底翻修。

奥本海默制订了一个建设实验室的计划，他认为只需要30多位科学家加上后勤人员就可以完成任务。因此，格罗夫斯就根据这个计划决定把新的实验室建造在洛斯阿拉莫斯。

奥本海默想把他常来游玩的这片地区与他的物理事业结合在一起的目的终于实现了，但最终这里的自然环境被大规模的施工严重破坏。

多年后，他说："我要为毁掉这样一个美丽的地方负责。"

几个月之后，奥本海默由于各种原因大大增加了所需人员的数目，好在这时早已经征购了这所校舍，而且实验室已经开工建造。

实际上，这项耗费了大量人力、物力、财力的大工程，远非奥本海默开始时想得那么简单，这位优秀的理论物理学家一上任就面临着许多这样那样的困难。

奥本海默的助手之一、实验物理学家约翰·曼利认为，如果奥本海默是个实验物理学家，他就会明白"搞实验物理学 90% 是管道工程"，因为，如果要他选，他永远也不会选这个地方。

如果完全让奥本海默按照自己最初的设想办事，他很可能闹出一场大笑话，这就是说，企图仅仅依靠他精心挑选的 30 多位科学家来制造原子弹！

奥本海默在做出了建设洛斯阿拉莫斯实验室的决定后，他似乎对如何管理这样一个大实验室毫无思想准备。

芝加哥大学的萨姆·艾利森是从一开始就参加这项计划的一位科学家，他这样回忆道：

> 正值 1942 年圣诞节前夕，奥本海默要求我帮助他进行实验室的初步规划。他和我两人坐在台地上讨论实验室的建设计划。他给我看了他草拟的一份实验室组织机构表，其中包括 100 人左右。
>
> 我看了之后觉得某些地方不行，但也不知道问题究竟

在哪里。我只能随便地提了提，"怎么没有负责运输的职员呢？"我问他。

他不以为然地瞧着我说："我们不需要运输什么东西。"显然，他比我对未来实验室的规模更加估计不足。我认为在沙漠里建造这种实验中心的想法本身就是错误的。

就我看来，把实验室造在大的工业区内可能更加合理，至少从经济上看是有利的，但奥本海默似乎偏爱那个乡村。

如果说奥本海默不善于估计实际工作所需要的人力，这点还是可以理解的，但他竟然如此低估了所需的科学队伍的数量，就很难使人信服了。

他在处理这个问题上似乎采取了一种漫不经心的、空想的不切实际的态度。他的女秘书普丽西拉·杜菲尔德回忆，奥本海默经常与罗伯特·泽尔贝尔无休止地聊天，谈论邀请什么人参加这个班子比较理想，以及某人的杰出才华可以启发另一个人比较平庸的思想等。

看起来他并不像是在组织一项规模巨大的科学技术事业，而更像是在挑选百老汇戏院中的演员。

他还有一些奇怪的念头，例如主张为"新婚夫妇"建造特别安静的住宅。他所指的"新婚夫妇"似乎是结了婚但还没有孩子的夫妻。

1943年初，当年仅28岁的罗伯特·威尔逊负责把哈佛大学的回旋加速器搬迁到洛斯阿拉莫斯时，这种机构不健全的严重后果就开始暴露出来了。

威尔逊是奥本海默过去的学生，他应奥本海默的要求，于3月4

日来到洛斯阿拉莫斯了解安装回旋加速器的条件是否成熟，同时检查其他科研设施的施工进度。当他看到洛斯阿拉莫斯建设工作陷于一片混乱时，简直被吓坏了。

在我回哈佛的途中，我在芝加哥冶金实验室停留并与约翰·曼利进行了讨论，我们不但议论了洛斯阿拉莫斯的现状，而且谈到那里严重的无计划性，几乎不知道那一件事由谁负责，而且所有的工作都没有日程安排。我们决定直接去找奥本海默并要求他研究改善这种状况的办法。

于是我们到伯克利去找他。看来奥本海默当时把大部分时间都花费在社交聚会上，至少我们是在那种场合找到他的。他和往常一样表演他拿手的马丁尼酒，这种酒就是把一定分量的杜松子酒掺到马丁尼酒中去，而且他一板一眼地干这件事。不知道是他喝多了还是我和曼利喝多了，我们和他大吵了起来。

我们缠住奥本海默并向他汇报所遇到的种种实际问题，希望能够使他了解现场的混乱情况，但没有讲多久，奥本海默就勃然大怒。他用粗话骂我们，指责我们不应当告诉他这些无聊的琐事，说这些该死的事不用我们多管等。

我们两人都差点被吓住了。我们感到害怕的是，如果这种人就是领导，如果这种领导光靠发脾气来解决问题，那么他怎样能够把事情办好呢。因此，约翰和我离开了奥本海默，两人讨论决定不要指望奥本海默的领导，宁可自己主动来解决这些问题。

然而，正像奥本海默12年以前开始授课时讲得一塌糊涂以后就改进了那样，他在洛斯阿拉莫斯的工作也改进得非常迅速。

"他是一个非常聪明的人，无论我们觉察到他哪方面不足，在几个月内这些不足就会改掉，而且更懂得管理程序。不论我们有什么的疑惑，都会很快被解决掉，"威尔逊说道，"后来，当我和他在一起的时候，觉得自己也高大了许多，我崇拜他，并努力成为他那样的人。"

1943年3月，他编出了一份详细的实验室人员组织表，总人数由原来的100人扩充到1500人，同时他又亲自动手解决另一个主要问题，就是招聘科学家。

格罗夫斯原来希望选择一位诺贝尔奖获得者当新所长的原因之一，就是这样有助于吸引别的科学家前来参加工作。所有其他最优秀的科学家都已经参加到别的军事科研，如火箭、雷达等研究工作中去了，而现在要把这些人吸引到原子弹研究中来。

然而，由奥本海默进行招聘工作却有双重的不利条件，他不仅没有获得诺贝尔奖这种最高奖赏作为吸引别人的资本，而且由于保安的原因，他在进行招聘时又不能说明工作的内容，只能像安徒生童话中的"皇帝的新衣"那样使别人感到一种看不见的光荣。

在进行初步试探时，他甚至不能向招聘的对象透露，到底要他来做什么性质的工作。同时他还有必要向他们说明，参加这项工作的人都必须离开家庭，并与外界断绝一切联系。只有已经结了婚的才许带上家属，而未婚的人则在战争结束之前不许与他们的女朋友及家人见面。

这真是一件棘手的工作，但奥本海默很巧妙地进行这项任务。他首先集中精力聘请了一小批最有名望的科学家，然后利用他们的声誉去吸引别人。

他最先找到与他在伯克利一起工作过的汉斯·贝特，同时又聘请了芝加哥大学的恩里科·费米。但他也不限于聘请最高的学术权威，他还招聘了一位公认的极其精明的科学管理人员来管理仓库。

这些人对于这项新任务都非常感兴趣，但其中有人对于参军问题表示担心。原来奥本海默曾经与格罗夫斯达成协议，要动员所有招聘来的科学家参军，他本人甚至还访问了旧金山征兵处，开始办理入伍担任中校的手续。

这件事也是奥本海默生活中的另一个谜，为什么一个左翼自由派人士竟会同意参军。威尔逊回忆奥本海默做出这种决定的理由是：

> 他已经受高度的爱国情绪所支配，他深信这场战争是推翻纳粹与法西斯主义的伟大群众斗争，一场人民战争，认为这是美国爱国运动的高潮。
>
> 他的这一举动使我们更容易理解他早年的活动。在过去，他的行为带有激进主义的色彩，而现在，则更多地带有爱国主义色彩，但他对自己这两种行为动机的解释却是相同的。

到了3月，在陆军的管理下，当时工地上已有3000多名工程人员，他们已花费了3个月的时间建造主要的建筑物。

工程进行得非常迅速，施工人员采用了粗糙的木料和墙纸，已经建成了一幢主楼，五座实验室，一座工具间，一座仓库，一批营房和一批类似营房的公寓式住宅。

同时，各种装配式的军队临时房屋源源运到，匆匆忙忙地安装起来，整个工地就像是城市里的贫民窟。在整个严冬季节，建筑工人都住在拖车式的工棚内。全区没有铺好路面的人行道，同时，由于格罗夫斯的极端节省，各处都没有安装路灯。

在最初的几个月里，正规的市镇议会这类机构还没有建立起来，所有大大小小的问题都找到奥本海默头上。由于他有行政管理天才和受人尊敬的地位，在这一阶段并未发生任何严重的矛盾。

奥本海默从一开始就决心保证科学家之间尽可能自由地交换意见，因为他们现在工作的地点在洛斯阿拉莫斯，这里与外界已完全隔绝了。

4月15日，实验室正式开始工作，当天奥本海默主持了落成仪式，会上为新来的全体科研人员作了一系列介绍研究情况的报告。

在格罗夫斯讲话之后，罗伯特·泽尔贝尔受奥本海默的委托作了关于原子弹的研究情况的介绍。泽尔贝尔身材瘦小，说话有点含混不清，语气又不果断，看来他并不是鼓舞到会者热情的最好人选。

有一位当时在场的科学家这样说：

> 他不是一位好的讲演者，仅是他有充分的材料，他掌握了奥本海默主持的理论小组在过去一年间所发现的全部秘密。他最担心的问题是，他所知道的这一切都还是纸上谈兵，没有经过实验论证。

生活在监视之下

1943 年 2 月，就在洛斯阿拉莫斯实验室热火朝天地进行建设时，一项军事突击行动同时展开。

16 日夜晚，6 个人从一架英国轰炸机上跳伞，靠着月光降落在挪威南部一处结冰的湖上。这支突击队直接受"曼哈顿计划"领导人格罗夫斯将军指挥，奉命潜入挪威的峡湾山区破坏那里一个纳粹旗下唯一制造"重水"的工厂。

在挪威地下工作人员的协助下，这支突击队在 11 天后通过纳粹防线秘密潜入韦莫克水力电厂，并成功完成爆破任务。

由于爆炸威力强大，所有机器全部被毁，至少有好几个月不能运作，更重要的是，制造过程也因此而中断，即使修复完成，投入生产也得一年之后了。

1943 年，对英美盟军来说，重水的重要性是显而易见的。英美盟军希望通过破坏德军重水的来源，阻碍德军在原子弹上的研究进度。

在这支突击队爆破韦莫克水力电厂的同时，奥本海默正使出浑身解数说服更多科学家加入洛斯阿拉莫斯。对于将科学家们列入军队编制，科学家们都持反对意见。

哥伦比亚大学的科学家艾埃·罗比提醒奥本海默，没有科学家会放弃学术自由去接受任何军事命令。奥本海默将这个意见及其他批评反映给格罗夫斯将军，他立刻妥协。

科学家们将成为国防部的一般雇员，但洛斯阿拉莫斯的安全措施仍在军方的管辖下，而奥本海默只要与负责安全的官员协商之后即可聘请、解雇科学家或技术员。

这样，奥本海默才能继续在国内东奔西走招聘人才，逐渐组成了他的这个非常出色的科学研究队伍。

格罗夫斯让奥本海默共同负责洛斯阿拉莫斯的安全问题一举，显得有些讽刺意味。因为奥本海默本身还在军方情报人员的严密调查中，有3位更是一刻都不松懈，其中一位是格罗夫斯的助理之一，他叫约翰·兰兹代尔，他是负责整个"曼哈顿计划"的安全军官。

虽然他对奥本海默不太信任，但在多次与奥本海默本人及其夫人会谈之后，他慢慢地下了个定论，那就是这位研究室领导人绝对不会泄密给纳粹党，也不会给苏联通风报信。

另一位是在西岸负责当地情报工作的鲍里斯·帕什上校，他对奥本海默的怀疑可就没这么简单化了。

从旧金山共产党办事处的电话窃听内容，以及对奥本海默的学生的监督结果，帕什判定在劳伦斯的回旋加速器实验室里，暗藏有共产党谍报网，因此他认为，奥本海默绝对脱离不了关系。

帕什将这个信息传达给兰兹代尔上校以及皮尔·席尔瓦上尉。席尔瓦上尉负责洛斯阿拉莫斯实验室的安全管理，他对奥本海默采取严密监视，窃听他所有的电话，检查来往信件，并派两名由情报员乔装的贴身保镖随时监视。这种监视待遇，一直持续到战争结束。奥本海默对这种特殊待遇倒是一副若无其事的样子。

他在任何时候手边总有忙不完的事情。首先，他网罗了他现在和以前的学生罗伯特·席堡专注于炸弹结构理论部分，另外还有两位伯克利人，他们是菲利浦·摩利森及大卫·霍金斯。

有趣的是，尽管军方情报人员对每位前来洛斯阿拉莫斯工作的人员都作了深入的调查，但是他们却漏掉了摩利森及霍金斯两人与共产党的关系。

不过，另两位学生的运气可就没这么好了。大卫·波姆是物理系的高才生，但洛斯阿拉莫斯的安全负责人席尔瓦上尉怀疑波姆是位共产党员，不批准他的加入。

另外一位也遭遇同样的质疑而被拒之门外的是罗西·洛曼尼兹，在奥本海默眼中，他是位"聪明绝顶、诚实、才气洋溢的学生"，在伯克利及旧金山的情报人员跟踪调查之后，认为洛曼尼兹可能也是共产党员。

尽管他们没有证据来支持这个推论，更何况身为共产党员，也不一定就代表他会背叛国家，情报单位还是秘密地将他完全排除在战时军事研究人员名单之外。

1943 年 7 月 30 日，一直跟随劳伦斯从事回旋加速器工作的洛曼尼兹突然收到通知调入陆军服役。他上诉请求更改，但他的申请却被征兵单位主管路易·赫尔希亲自批退，洛曼尼兹在战争时期就一直在陆军当二等兵。

在网罗到这些以前的学生以及一些基层科学家之后，奥本海默开始利用个人魅力及说服力去招揽那些高级科学家们加入，其中两位重要成员也就是理论物理学家汉斯·贝特和爱德华·泰勒马上就答应加入洛斯阿拉莫斯。

奥本海默指派贝特负责理论部分，但此举却激怒了泰勒，因为他早已属意这份工作。为了安抚泰勒，他指派泰勒负责一个更大规模炸弹的制造。

这种炸弹一般称为"氢弹"，泰勒则称之为"超级炸弹"。不过，奥本海默事先声明，分裂式原子弹有优先权。

伊西多尔·拉比却以手边雷达研究工作繁重，以及不希望将30年来的物理学浪费在制造像原子弹这类可怕武器上为理由而拒绝了奥本海默的极力邀请。

另一位他力邀的科学家莱奥·西拉德，不提任何道德束缚，却以荒漠工作环境不佳为由，他说："没有人可以在那种地方思考，去到那种地方准会发疯！"

这些拒绝令奥本海默十分心寒，不过，他也得到一位重要人物的支持，恩里科·费米就允诺在芝加哥一完成铀片管的计划，马上就来洛斯阿拉莫斯支援研究工作。

1943年，科学家们初到洛斯阿拉莫斯，都发觉这地方稍嫌简陋：整个农场里只有27间小房子，另外有个叫"富乐居"的大会堂。

在1月时，奥本海默及格罗夫斯初步估计，可容纳大约30位科学家，不过，很快地他们就发现当时低估了形势。

格罗夫斯召集了军方及地方的建筑工人，搭盖便宜、简陋的房舍，并在台地与圣塔菲之间，铺设一条比较像样的通路。

不过，这些建设的进度缓慢，一直到大战结束前，洛斯阿拉莫斯还是十分原始的风貌。风雨来袭道路就泥泞不堪，房子里夏热冬寒，水也不够，因此很少淋浴。电话也只有三部，而且全部都被窃听。

尽管环境恶劣，自愿加入的人员还是不断地涌入洛斯阿拉莫斯。到了7月，在此工作的科学家、技术人员及军人一共有250人。两年后第一颗原子弹完成试爆时，此地人口则多达3000人。

"对大多数的科学家和他们的家人来说，来到这个荒漠，离开的日子又遥遥无期，还得受半军事的监护，着实困难重重。"奥本海默苦涩地说。

更令那些流亡科学家烦心的是：在研究区周围高架的铁丝围墙。

费米的妻子萝拉和奥本海默持相同看法："很多欧洲来的科学家都过得不愉快；特别是住在围墙内，就让他们联想到在集中营里的日子。"

到了夏天，奥本海默及格罗夫斯尽可能将洛斯阿拉莫斯改建成20世纪的西部拓荒小镇。

1943年的前8个月，奥本海默来回奔波于加州与新墨西哥州间，一方面物色更多科学人才，另一方面也安排将伯克利的一些仪器运往洛斯阿拉莫斯。其中两次的加州之行却为他以后带来不可避免的后果。

第一次主要是由于他的朋友，也是学校里的同事哈康·舍瓦利耶所引起。在1943年1月下旬，奥本海默邀他到伯克利家中吃饭。这个晚上，舍瓦利耶把他拉到一旁，提起他与一位在旧金山壳牌石油公司工作的英籍化学家乔治·艾泰顿之间的会晤。

他们两人都知道艾泰顿在湾区替苏联工作。舍瓦利耶说，艾泰顿听到一位在旧金山苏联使馆工作的人抱怨，美国战时武器研究计划都未知会苏联，因此这位使馆人员要求艾泰顿四处打听，艾泰顿才会请求舍瓦利耶来向奥本海默探听一下消息。

当晚在用餐时，舍瓦利耶并未明白问起，根据奥本海默之后透露，舍瓦利耶当时只是警告奥本海默，小心艾泰顿的行为罢了。

事后回想，他对当间谍一事十分震惊，不过，他并没有立刻向情报单位报告这件意外事件。

一直到9个月后，1943年8月，他才向情报单位提起艾泰顿这个事件，但对好友舍瓦利耶企图刺探机密一事却只字不提。

第二次则是在1943年6月，在奥本海默回伯克利的一个周末，前去简·塔特洛克家探望他的前任未婚妻，根据全天候跟踪的情报人员报告，他在简·塔特洛克家里过了夜。

由于简·塔特洛克与共产党关系密切，在加州的帕什上校开始起疑，再加上 8 月奥本海默透露有关艾泰顿一事，他立刻去信给兰兹代尔上校，要求"免去奥本海默的职务，并不准他进入任何政府机关工作"。

不过，格罗夫斯将军又再一次力保奥本海默，一再强调，他是这个职务的唯一人选，没有他，计划早晚会失败。而格罗夫斯将军本人是绝对不接受失败的。

在接下来的岁月里，只要奥本海默还在为政府工作，他就一直被这些调查困扰着，就像一道道无形的阻力拦在他前进的道路上。

初次试验取得成功

1943 年 12 月，英国将另外一位欧洲流亡科学家，也是最伟大的科学家之一的尼尔斯·波恩送至美国，加入洛斯阿拉莫斯实验室。

波恩及几位英籍科学家到达洛斯阿拉莫斯，象征着奥本海默在沙漠任务的第一阶段已经结束。接下来，所有其他科学家的当务之急就是想办法抢在德国之前完成炸弹的制造。

在波恩抵达的前几个月，以解决炸弹设计及制造实际困难为目的的研究就已经展开了。其中主要的问题在于如何制造一个原子武器的引爆器。

设计人员提出很多计划，在一番激烈的讨论下，最后选择其中两个技术上较可行的方法。这两个方法和莉泽·迈特纳以及尼尔斯·波恩两人所分别提出的重要理论有相当的关联。这些理念，之后又由当时在芝加哥从事铀片管研究的恩里科·费米在 1942 年加以发扬延续。

他们理论中的推测是这样的：在中子的撞击下，铀-235 原子一分为二。若有大量的纯铀，这个分裂作用将会很快由一个原子扩散到其他原子，而造成一个连锁反应。

也由于这种连锁反应，所释放出的能量加倍。原先的原子一分为二之后，放出的中子束，又分裂4个以上的原子，而这4个原子分裂后的中子，又使得8个以上的原子进行分裂。

以此类推，其分裂的速度惊人，因此若有足够的铀-235原料，这分裂作用将一发不可收拾，无法控制，而其所累积释放出的能量将会导致爆炸。他们把这个导致爆炸连锁反应所需的铀量称之为"临界质量"。

1942年11月，费米在芝加哥用实验来证明铀元素的性质，他的研究小组将足量的铀放在一起，引发了一个可控制的爆炸，第一次用实验成功地证明了这个理论！这次临界质量的实验是相当危险的，如果插在铀片中的碳棒位置略有差错，后果可能就难以想象了。

由于铀片特殊的排列方式，使这次爆炸的威力并没有完全发挥。要不然的话，不止在场的科学家性命难保，甚至在研究室周围的地区，也会遭受惨重损失。幸好，费米不只是位优秀的理论学家，也是位十分小心的实验家，使得这次实验顺利进行，也解开了铀连锁反应的实际真面目！

同时，在洛斯阿拉莫斯的奥本海默、泰勒、贝特、席堡等科学家，则继续炸弹的设计工作。

最初提出的设计，有些类似密闭的大炮，发射出一枚铀子弹，射向另一个裂变物质，铀将达到"临界质量"而引发核爆，这种方式称为"手枪式"。这种"手枪式"的主要问题在于，铀分裂速度是否快到足以引发核爆的程度？另外，科学家也在研究利用钚元素制造原子弹的可能性。

钚是一种人造元素，可用芝加哥铀片管反应炉来制造，另外军方在田纳西州的橡树岭以及华盛顿州的汉福德镇两地亦有生产。由于钚元素是人工制造，而非自然界现存的，必须更仔细地研究其原子特性。

科学家第一个要解决的问题是，散乱开来的中子对铀及钚的影响。初步的实验数据很明显地显示，这些中子会使得利用"手枪法"的炸弹提早爆炸，而如果铀或钚过早爆炸，那分裂所产生的能量，则无法完全集中发挥出来。

洛斯阿拉莫斯的科学家们讨论后，提出不少解决之道。其中一个方法就是将铀弹以高速发射出使其尽快到达指定地点，免去散乱中子的干扰。很可惜，这个方法所需的高速为每秒900米，一般军用大炮都不合用，因此奥本海默下令手下的大炮小组开始设计一个高速炮。

奥本海默手下的一位较年轻的物理学家却有另一套方法。塞思·宁德梅耳提出"内爆式"的方式，将铀或钚挤压成高密度的核心。管状的铀或钚周围以爆裂装填物包围，首先引爆周围所有的爆裂物，用它所产生的力量来挤压铀或钚，一直到达"临界质量"。如此一来，就可以减少中子的乱流干扰，但不少资深科学家马上指出另外一个问题点：如何才能够"平均地"去挤压铀呢？如果爆裂力量不平均，那么内部的铀或钚，很可能挤开至两端，而无法达到"临界质量"。

尽管有这个问题，奥本海默仍对宁德梅耳的"内爆式"十分有信心，并鼓励他及一小组人员，开始研究其成功的可能性。

在1943年的夏秋季，在洛斯阿拉莫斯的山丘及峡谷，不时传出实验的爆炸声。同时，也有科学家利用一个小型回旋加速器研究证明铀-235释放及吸收中子的速度很快，实际吸收速度少于10亿分之一秒，可用在

"手枪式"炸弹中。

另外一位科学家研究发现，手枪式炸弹的中子乱流是由宇宙射线所引起的，由于洛斯阿拉莫斯的地势较高，稀薄的空气无法阻挡宇宙射线。艾米利欧·塞格雷还计算出，如果炸弹外加一护罩，那就没有什么大问题了。

因为这项发现，奥本海默下令大炮小组，暂停高速炮的制造，采用一般军用改良大炮即可。这个"手枪式"铀弹，似乎已接近完成阶段了。

奥本海默及洛斯阿拉莫斯的科学家，还不太肯定钚弹能否成功。其中一点是钚释放出大量的中子，因此绝对不能用于"手枪式"的炸弹，或许可以适用"内爆法"的炸弹。不过，内爆法炸弹的研究进行得并不顺利。

到1944年初，奥本海默就面临一个困难的抉择，他清楚地知道，"曼哈顿计划"的田纳西州及华盛顿州的工厂，要一年或一年半后才能开始提供第一批铀-235及钚，因此，美国政府现在手边的材料只够做几颗炸弹。

科学家不但要让"手枪式"及"内爆式"两种炸弹都成功完成，而且还得加快进度才行。奥本海默决定撤换"内爆式"炸弹研究小组的领导人塞思·宁德梅耳，而改由乔治·基斯塔科夫斯基来接任，他是由外面招进洛斯阿拉莫斯的一位爆炸专家。

这个决定，就像奥本海默必须作的其他人事调动，点出了在洛斯阿拉莫斯的每位工作人员所感受到的极度压力以及情绪压迫。

基斯塔科夫斯基回忆道，在战后"每件事都显得简单、轻松，大家都成为好朋友"！

但他强调，在1944年至1945年的洛斯阿拉莫斯可大不相同。

他想起他当时第一个反应，说道："几个星期后，我才发现我的位子十分不稳，因为基本上我夹在两个水火不容的塞思·宁德梅耳以及他的上司迪克·帕森斯中间，并要为他们的研究成果理出个头绪。"

在整个纷乱过渡期，奥本海默总是保持着研究室领导人应有的稳重。有时，他会对进度缓慢的科学家大声叫骂或羞辱，不过这情形并不常见。他的领导风格中最出色的一点是，他在压力下所保持的一贯沉稳的态度。

1944年，外界对奥本海默最大的打击，是他的前任未婚妻简·塔特洛克的死讯！简·塔特洛克是在伯克利自杀身亡的。当时一直对她保持监视的军方，马上就知道了她的死讯，却一直没有让奥本海默知道。当他在简·塔特洛克死后一个月得知这个不幸消息时，立刻放下手边工作，到台地上的松树林里走了好久。

军方对奥本海默的监视仍未有一点松懈，而他本人也很清楚。尽管压力与日俱增，但他沉着的态度，使得研究工作进展十分稳定。

爱德华·泰勒提到当时的奥本海默，说道：

> 在二次大战期间，奥比对研究室里每一个角落所发生的事都了如指掌。他在分析人际关系及技术问题上十分迅速而且深入。
>
> 奥本海默很清楚每位工作人员间的相互关系及其喜恶。他知道如何去组织人员、打气、说笑，并安抚情绪——也就是以看不见的手，强而有力地领导整个研究室。
>
> 他是个为国奉献的典范，也是位满怀人道精神的英雄。让他感到失望的是人们感到一丝的罪恶感。

1944 年底到 1945 年，奥本海默开始得到正面的结果。首先由
"内爆式"炸弹的研究小组传来好消息。基斯塔科夫斯基在来洛斯阿
拉莫斯之前，就在快速及慢速燃烧的爆炸物方面有深入的研究。

　　根据他的经验判断，他知道如何将爆裂物放入精密的仪器中来
产生一个巨大却能控制的爆炸。运用他的知识，他将内爆法炸弹的
内部结构作了一番调整。他将外包的管状容器改成球形，一个由快
燃及慢燃爆炸物的组合，改以片状排列在中央的核心周围，同时引
爆以造成一个向内的压力，将核心的钚压缩至临界质量。1944 年所
得到的实验结果证明这个方法行得通。

　　1945 年初，测试炸弹各种不同模型的主要实验开始进入最后阶
段。其中最重要且最具危险性的一刻，也许是模拟连锁反应开始的
那百万分之一秒。

　　在洛斯阿拉莫斯的另一位流亡科学家奥图·弗里施负责这一部
分的研究。弗里施先在桌面上，将铀片堆高，在桌子上方的两条铝
条上放置一片 2 寸长、6 寸宽的铀片，接着将铝条上的铀片掉落到桌
面上的铀片堆的洞中，并观察接触那一瞬间所产生的核子反应。

　　他所使用的铀比一般的还纯，但仍比真正的炸弹材料略差。尽
管如此，如同弗里施所解释的：这是我们在没有真正造成爆炸的情
况下，所能做的最接近真实状况的引爆，结果相当令人满意。一切
都按原计划进行，当铀片掉落到洞里时，发出一束强大的中子，并
有温度上升的现象，就在那一刹那，连锁反应开始进行，像硬被压
抑下来的爆炸。

　　弗里施的一位同事戏称这次实验是"牛刀小试"。

　　凭借这次以及后续的实验，洛斯阿拉莫斯的研究人员才决定制
造弹芯的原料大约需要 15 千克的铀，或是 5 千克的钚。

实验取得了可喜的进展，奥本海默的下一个难关就是要说服格罗夫斯，让他在内爆式原子弹使用前进行一次实弹试验。

　　原来格罗夫斯在何时能使用原子弹的日期问题上向陆军部长史汀生打过保票，因此他认为这种实弹试验可能白白浪费如此宝贵的钚，从而影响他向军方提交第一枚实用原子弹的时间。

　　奥本海默不得不去向史汀生解释，如果不经试验，而在实际使用时发现钚弹根本不行，会产生多么严重的灾难性后果。但直到基斯塔科夫斯基提出"制造一个保险容器用于回收爆炸后的钚"的建议后，格罗夫斯才同意了实弹试验的要求。

工程支队的危机

一系列的研究和实验需要增加数百人的技术队伍，后来，一直为此苦恼的奥本海默为招聘新的人员找到了渠道。他可以从两个来源找到所需要的人：即从陆军中挑选，或者从即将结束的其他战时科研项目的人员中挑选。

初看起来，似乎从陆军中挑选到合格的物理学家与工程师的希望不大。但当时陆军刚刚执行一项计划，即从应征入伍的新兵中挑选一批合格的人员编成特种工程支队。

奥本海默充分利用了这项计划所建立的技术队伍。1944 年下半年，新编的特种工程支队源源不断地开到洛斯阿拉莫斯。当内爆研究达到高潮时，基斯塔科夫斯基研究组的 600 人中有 400 多人属于特种工程支队。前特种工程支队士兵阿罗·菲什拜因说：

每天早上 6 时吹起床号，6 时 30 分开始上操，一直操练到早晨 8 时上班，已经十分疲劳。而且，我们的工作时间很长，有时在车间加工一些部件，直到第二天凌晨两三点钟才能上床睡觉，生活条件糟透了。

特别是 1944 年的冬天异常寒冷，营房的水管冻裂了，真正产生了水荒，情况变得格外糟糕。试想 30 个人挤住在一间屋里，每人每天只发一桶水，洗什么都靠它。

因此，我们只好每天冲洗一次厕所。在洛斯阿拉莫斯的文职人员与他们家庭的生活条件虽已算很差，但我们这些军人的生活简直糟得无法忍受。我们有些人只好搞点歪门邪道。在我工作地点的过道旁有一间放射性去污淋浴室，我们经常偷偷地上那里去冲澡，一直到被管理人员当场抓获为止。

特种工程支队的士兵看起来在各方面都要受到歧视。

他们一方面要遵守陆军的严格纪律，另一方面却又得不到晋升的机会，因为脱离士兵这种苦难生活的阶梯，军官学校由于保安方面的原因，对他们关上了大门。

科学家们也由于保密原因，用不信任的眼光来看待他们。

新兵们对自己从事的任务性质一无所知，只感觉到身边这些文职人员的同事们躲躲闪闪，特别不愿意与他们合作。

特种工程支队的问题最后发展到很严重的地步，使得奥本海默与基斯塔科夫斯基发现，他们有面临一次兵变的危险。士兵们不满情绪的焦点集中在他们的指挥官身上。

基斯塔科夫斯基回忆道：

这位指挥官是一位应征入伍的典型军人，来自南波士顿，说话带有浓厚的爱尔兰口音。

他天生憎恨哈佛大学，憎恨知识分子，憎恨一切人。

因此，年长的士兵们最后忍不住跑来找我，说他们想要向陆军当局递交一份抗议书，要求调走这位指挥官。

我直截了当地告诫他们，在战争期间，军人提出抗议就会被认为是反叛上级，千万不要这样做。我跟他们说，让我们去找奥本海默。

基斯塔科夫斯基真的找到了奥本海默。当格罗夫斯下一次访问洛斯阿拉莫斯时，奥本海默就乘机向格罗夫斯告了状。

格罗夫斯尖锐地批评奥本海默多管闲事，因为这纯属陆军内部的事务。

奥本海默为了维持他两人的团结，便不再多嘴，就闪在一旁让基斯塔科夫斯基去继续这场特殊的斗争。

基斯塔科夫斯基回忆当时的情况：

"我要求搭乘格罗夫斯的汽车与他一起由洛斯阿拉莫斯去阿尔伯克基，终于有一天在后半夜我与他一同上车，于是在车上展开了辩论。

我向他反复强调说，这种恶劣情况已经影响到中层技术人员。我是这个组的负责人，如果情况不改善，我只好辞职不干。我向他坦率地说：'你知道我自己并不愿意到这里来工作，而且，不仅如此，你也无权扣住我不放。我的年岁早已超过征兵年龄，我完全可以辞职不干。'格罗夫斯对我的话反应非常强烈，他大声斥责我干涉军队的内部事务。但这次谈话却收到了效果。事后，那位指挥官被撤换了，调去当军官食堂的主任。问题就这样解决了。"

调走这位指挥官后，情况发生了巨大的变化。

特种工程支队士兵们的生活有了明显的改善。

阿罗·菲什拜因这样写道："我不习惯在营房里睡觉，不久以后，就被批准在实验室的工作台下面架一个床铺，这至少还可以在那里自己做饭吃，简直太美了。"

另一名士兵瓦尔·菲奇写道："起床号取消了，公共厕所也改由雇来的民工打扫。但我们仍要承担管理营房仓库这种杂务……根据陆军的传统，副排长应负责派人管理仓库。

"但在这个营房里，我们建议在自愿担任管理工作的士兵中推选一人承担任务，并付给他一定的报酬。"

"每星期六早晨仍然安排有检查内务的项目，但对内务整洁的要求却放松了。新任的连长以高速度匆匆走过营房，速度仅亚于光速，看一眼，然后万事大吉，下星期六再见！"

度过艰苦的生活

1944年秋，内爆式与手枪式结构所用的炸药试验达到了高潮。由于发现钚弹根本不可能采用枪式结构，至少在这方面科学家们的任务轻松了一些。他们不必再试验以设法达到枪式钚弹所需的极高压拢速度。

直到1944年12月，科学家们才试验了真正的枪式结构武器。通过试验表明，采用枪式结构的铀弹毫无提前起爆的危险。因此，只要橡树岭工厂能够生产出足够数量的铀-235，这种原子弹立即可以制成并交付使用。

然而，橡树岭工厂的生产却落后于原定进度，而且面临巨大的技术困难。预计到1945年8月前，不大可能生产出第一枚原子弹所需用的全部金属铀。

内爆式结构的试验虽然在全力以赴地进行，但情况并不理想。开始的一批试验未能取得肯定的结果。10~11月持续不断的试验也未能表明所采用的透镜形炸药能否产生真正对称的冲击波。

12月14日，试验小组又改用了完全新的方法进行了一系列新的试验，这时才第一次看到了可能获得对称性冲击波的迹象。几天之后，格罗夫斯和科南特访问了洛斯阿拉莫斯，以便亲自评价内爆式试验进展的程度。

他们两人虽然在公开场合都表示对试验结果非常乐观，并与奥本海默打赌，看他能不能在枪式原子弹有足够的原料之前就制成内爆式原子弹，但他们私下却表示对内爆式原子弹的前景非常担忧。

他们估计，内爆式原子弹的威力最多不过 850 吨左右的 TNT 当量，甚至还可能小于此数。确实，一方面，由于当时人力物力都十分缺乏，他们都十分怀疑这种武器能否在 1945 年内试验成功。另一方面，订货也成为一个严重问题，因为工业界看到战争快要结束，开始放松了军事订货的生产，从而为内爆式试验带来更多的困难。

在人力方面，奥本海默虽然得到了特种工程支队的大力支援，但仍感人手缺乏。他无法支付像其他工业那样高的工资，同时，当年冬季洛斯阿拉莫斯的气候特别坏，也使一些人不敢问津。

直到 1944 年 11 月至 12 月，他才好不容易招聘了 200 人，但到了 1945 年 2 月，其中约有 1/3 却声称由于环境过于艰苦而辞职不干了。

在 1944 年漫长而严寒的冬季，由于洛斯阿拉莫斯居民生活方面的困难，使得队伍的士气格外低落。住房短缺仍然是严重的问题。

麦基建筑公司在 12 月完成了第三期的住房工程，但由于新的人员大量涌入，致使房屋短缺的情况并无改善。

在住房分配方面，由于规定科学家比技术员有优先权，又产生了新的矛盾。甚至在采取了这样的政策后，即对不带家属到洛斯阿拉莫斯来的技术员每人发给 100 美元津贴，也丝毫没有减轻对住房的压力。

同时，在整个冬季，水的供应严重短缺。经过常年积雪，山岭的输水管线经常发生堵塞。

　　人们把这种生活上的艰苦原因主要归罪于"格将军"，也就是格罗夫斯的绰号，不是没有理由的。格罗夫斯总是把洛斯阿拉莫斯的一切设施都看做是临时性的，因此很少建造像样的正式建筑。

　　由于洛斯阿拉莫斯实验室在他直接管辖之下，因此他的这种吝惜程度，使这里的住宿条件比"曼哈顿计划"内其他所有项目都更差。而且，应当承认，不知什么原因，奥本海默也默许这种状况，同意格罗夫斯把洛斯阿拉莫斯看做是一处临时性的设施。

　　奥本海默本人的家庭生活也受到了住房紧张的影响，他住在"浴池街"的一个带外廊的平房内。就洛斯阿拉莫斯的标准来说，这也算是"高级住宅"了。

　　这批平房距离雨天泥泞而晴天尘土飞扬的糟糕街道比较远，而且室内的水暖设备比较完善。基蒂带着两岁的儿子彼得来到洛斯阿拉莫斯一年后又生了个女儿，取名叫托妮。

　　基蒂带着婴儿，也经受了物资短缺的种种痛楚：从买不到喂奶用的橡皮奶嘴，直到没有洗尿布的设施，她从来也没积极参加基地内的社交活动。

　　基蒂是一位生物学家，她参加实验室工作，但拒不承担社交生活中的"主任夫人"这一角色。于是洛斯阿拉莫斯实验室的正式社交活动的中心转移到第三把手威廉·帕森斯夫人的家中。甚至在有关日常生活的指导中，基蒂的名字也从未出现。

　　这种报道是高级科学家们的妻子撰写的。其中没有出现过基蒂的名字，可能表明她宁愿与男同事交往，也不愿与妇女们交朋友。但也有人认为其原因不止于此。

奥本海默当时的女秘书普丽西拉·杜菲尔德回忆道：

  基蒂是一位非常热情、非常聪明、精力充沛的妇女，
我认为她无所不知。她固然与其他的妇女合不来，而且男
同事，甚至很有教养的男同事，也说她过于泼辣，这是我
难以想象的。

  我认为她肯定对来到洛斯阿拉莫斯非常失望。我确信
她曾有过浪漫生活的想法，但从未能得到满足。这种想法
年年折磨着她，使她变得越来越灰心丧气。

  我不知道基蒂对奥本海默的影响有多大。但我猜想，
奥本海默遇到自己解决不了的难题，常常会征求她的意见。
他对基蒂意见的重视程度，不亚于对其他人忠告的重视。

基蒂的沮丧心情与孤独感不断增长，从很多方面可以表现出来。
她的孩子们首先受到这种情绪的伤害。奥本海默的弟妹杰基回忆她
1945 年在洛斯阿拉莫斯时的情况说：

  孩子们真可怜。基蒂有时到阿尔伯克基，甚至到西海
岸去买东西，一去就是好几天。她把孩子们留给一位德籍
女仆看管，这个女仆对孩子们很凶。每次基蒂回来，总要
带一些贵重的礼物给彼得，她肯定是内心感到非常难过和
抱歉——可怜的基蒂。

主张原子弹用于和平

1945 年 3 月，那些依然相信德军随时可能使用核武器的美国科学家们正加快速度赶制炸弹的同时，美国的政军人员就开始计划要如何使用这个炸弹了！

不过，在作何种决定之前，美国罗斯福总统就因脑出血于 1945 年 4 月 12 日病逝于乔治亚州的温泉镇。

这时是洛斯阿拉莫斯实验室建立两周年，奥本海默在吊唁罗斯福总统的会议上说，"多年来我们大家都经历了巨大的痛苦和恐惧，罗斯福总统使得全世界亿万人民有了信心，我们在这场战争中所做出的牺牲，将使一个更加适合人类文明的新世界诞生。"

他的结论是："我们应该献身于这个理想，使这个壮丽事业不会因为罗斯福总统的死亡而中止。"

他始终相信，罗斯福总统和他的手下，对这个威力恐怖的新武器的使用需要一个新思路这个事实是了解的。

吊唁会后，他对助手霍金斯说："罗斯福是个伟大的建筑师。现在，杜鲁门也许会是个好工匠吧！"

杜鲁门正好在最尴尬的时候接任美国总统一职。在罗斯福总统死前，美国有关结束第二次世界大战的策略，以及战后的核武器政策正进行到必须面临抉择的十字路口。而接任的杜鲁门总统也因此被迫在任期开始的几个星期之内，就必须作许多重大的决定。

4月，是洛斯阿拉莫斯交好运的一个月。所有各项任务进展顺利，因此奥本海默告诉格罗夫斯将军，预计到8月1日可以制成一枚实用的原子弹。

格罗夫斯得到这一消息之后，立即前往华盛顿，准备在4月25日向新总统汇报。由于史汀生要与格罗夫斯一起出席会议，因此格罗夫斯提前两天向这位年迈的陆军部长提交了一份书面的情况报告。

在整个战争期间，格罗夫斯居于一种奇特的地位。在洛斯阿拉莫斯和"曼哈顿计划"的实验室内，他是一个外行，要听取别人的汇报。但在其他跟军事有关的场合，他却是内行专家。

在政界人士中，恐怕很少有人能像他这样掌握了如此丰富的原子弹知识。因此，当更换总统之后，在决定政策的关键时刻，格罗夫斯的这种特殊地位起了很大的作用。在他与史汀生共同工作期间，他完全有能力从最上层对今后政策施加影响。

对于4月25日会议的安排方面，有人担心如果史汀生和格罗夫斯两人一同进入白宫去见总统，那么一定会引起记者们对此事的猜测，因此，决定让格罗夫斯由旁门进入白宫，经过一段走廊来到西侧的一个房间，等候接见。

史汀生比格罗夫斯早到，先进入总统的办公室，他向总统强调，美国对于发展这种足以毁灭整个城市的空前可怕的武器负有道义上的责任。然而，只要美国能够以恰当的方式使用这种武器，也有可能建立一种能挽救世界和平与人类文明的新秩序。

然后，史汀生要求总统让格罗夫斯进来。这时杜鲁门总统第一次阅读格罗夫斯的那份报告，而史汀生与格罗夫斯则合看另一份副本。格罗夫斯将军详细介绍了发展原子弹的整个过程以及准备如何使用它的设想。

　　当讨论到攻击目标时，格罗夫斯指出，自1943年之后就已将日本列为可能目标之一。当时确实也有可靠的军方情报估计如果使用原子弹，可以代替美军在日本本土登陆而取得战争的胜利，这样至少可以少牺牲100万人以上。

　　对原子弹效果的这种估计确实打动人心，但格罗夫斯并未向总统提到军方对这一数字还存在着不同看法。例如，陆军参谋长马歇尔将军就估计，入侵日本本土所付出的代价可能相当小，大约在40000人左右。格罗夫斯也没有提到，参加"曼哈顿计划"的大多数科学家从事这项研究的动机只是为了反对纳粹德国，而非日本。

　　会后，3人共同决定，政府应成立一个正式组织，由专家及政治家参与，来引导国家的核政策发展。在史汀生的催促下，总统正式授权"过渡委员会"的成立。其中成员，包括资深的科学家及政治人物，如史汀生本人、国务卿詹姆斯·贝尔纳斯以及"曼哈顿计划"中两位资深领导人——威能瓦·布什及詹姆斯·科南特。

　　但布什及科南特都为没有科学家参与而深感不妥，因此建议设立科学部来辅助"过渡委员会"的运作。提议被接受后，阿瑟·康普顿、厄尼·劳伦斯、恩里科·费米以及罗伯特·奥本海默等4人均加入了科学部。

　　杜鲁门入驻白宫以后，太平洋战场进入了最血腥的杀戮阶段。1945年3月9日晚上，334架B-29轰炸机向东京投下了无数吨凝固汽油弹和高爆炸弹，高温火焰杀死了约10万人，将东京16平方千米的地区一举夷为平地。

这样的火焰轰炸袭击一直持续到 7 月。日本数十万平民丧生，仅剩下 5 个城市没有毁灭。这是纯粹的战争行动，轰炸不再仅仅针对军事设施，盟军的目标是摧毁整个国家。

火海轰炸对普通美国人来说不是秘密。大家从每天的报纸上都可以看到具体的报道。这种整体摧毁城市的战略势必引起人们的道德反思。

奥本海默回忆起陆军部长史汀生对他说过的话："如果没有人起来抗议我们现在对日本进行的空中轰炸所造成的异常重大生命牺牲，那是一件非常可怕的事情。他没有说，我们应该停止对日本轰炸，只是觉得，在美国居然没有人起来抗议，事情有点不对头……"

1945 年 4 月 30 日，希特勒自杀。7 天以后，德国投降。物理学家西格瑞的第一个反应是"我们动手得太晚了"。他认为，制造原子弹的唯一目的就是轰炸德国。

西格瑞的想法代表了洛斯阿拉莫斯实验室大多数科学家的意见。他后来在回忆录中说："原子弹不能再用来对付纳粹，大家疑虑丛生。这种疑虑在正式报告中是看不出来的。我们在各种私下的场合讨论这个问题。"

5 月 31 日，"过渡委员会"与科学部的第一次正式会议举行，也就是在德军投降后 3 个星期，欧陆战争结束时。

在这次会议中，波恩及其他人所提的重要问题，都被充分讨论并达成决议。委员会要求奥本海默对 3 个问题提出简报，包括原子弹研究进度，这项武器的威力，以及战后可能的后续研究等。

奥本海默报告了一些数字。在洛斯阿拉莫斯正在研制的炸弹，威力相当于 2000 吨至 20000 吨炸药。至于较大的氢弹"超级炸弹"

的威力更甚于 500 倍以上，也就是相当于 1000 万吨以上炸药的威力。

这些天文数字远超过一般非军方委员所能理解的程度，顿时，会场陷入一片震惊的沉默中。

在奥本海默结束他的报告之后，接下来讨论的是，有关和苏联以及其他国家分享研究成果一事。

根据当时的会议记录，奥本海默一开始就点出："尽管炸弹研发的第一目的是在缩短战争……美国政府较明智的做法，是与世界各国做免费的科技交流，特别着重于和平用途上的发展。研究的最终目的，就是在为全体人类争取最大的福祉。如果我们在使用原子弹前就主动去做交流工作，那我们在道德上才站得住脚。"

大多数与会人士直觉上就不赞成技术公用。不过，在奥本海默的阵线上，出现了一位意外的支持者，美国陆军总司令乔治·马歇尔将军，他特别关心战后与苏联合作的事宜。

为了降低大家对苏联的恐惧，马歇尔将军提议邀请苏联科学家来三一基地，并参观定于这个夏末的试爆。

但新上任的国务卿贝尔纳斯却否决这项提议，改提议美国继续进行永久的核武器制造工厂的建设，以及其他核武器研究计划，同时并寻求与苏联改善关系的途径。

在大家附和贝尔纳斯的提议时，奥本海默只是沉默不语。与苏联的谈判及公开研究成果遭受否决，使奥本海默也许是第一次感受到权力的光芒，身处在美国众多顶尖的精英分子中，他只能作微弱的抗议罢了！这次会议以后，美国开始步上全力将原子弹研究据为己有之路。

委员会接下来讨论有关日本的紧急事项。轰炸日本的争论点，最后落在一个假设，那就是使用原子弹会打击日本人民以及操控战事的日本军阀的意志力。

不过，原子弹是否投向日本这个问题没有结论。事实上，这是一个早已经决定了的问题，决策者是白宫，而不是制造原子弹的科学家们。

史汀生问及原子能的非战争用途时，奥本海默开始发言。他首先强调，在现阶段，科学家们最关心的是如何缩短战争。由于原子物理学的基本知识在世界上的广泛传播，他指出，美国最明智的做法是将和平利用原子能的方法和各国共享。

"如果我们能够在原子弹真正使用以前将原子能利用的资讯公开，美国的道德力量将会大大加强"，奥本海默说道。

午餐以后，与会者开始提出对日本投掷原子弹的问题。当时的会议没有正式记录留存。一直到正式会议结束以后，人们还在讨论原子弹可能造成的效果。

有人提出来，投掷一颗原子弹的话，其作用看起来可能和春天以来对日本的大规模轰炸差不多。奥本海默同意这个说法，他补充道："从视觉效果来说，原子弹爆炸是极具威慑性的。"

史汀生做了似乎是得到一致认可的总结："我们不会给日本人任何警告，我们不会以平民区作为目标，但我们应该给尽可能多的居民造成深刻的心理影响。"

他表示同意科南特的建议，目标必须是最能打击日本继续作战决心的城市。除此之外，这个城市必须具有军事地位及价值，例如，为军事总部或军队聚集之地，或有制造军用品或补给品的工厂。

格罗夫斯又补充了另一项令人心寒的规定："为了让我们更精确地计算炸弹的威力，所选的城市以前不得有过任何空袭记录。"

很明显地，这次袭击若真的发生，将会是场大规模的死亡及毁灭实验。经过几个星期的仔细推敲，委员会提出了几个目标城市，其中包括：日本前首都京都古城、军事重地广岛，以及日本重要海港横滨，另外还有两个小城市。

虽然这几个城市已被选为目标，但是否真要进行这次轰炸仍待商榷。只有杜鲁门总统有权作重大决定，但"过渡委员会"的意见也将扮演举足轻重的角色。

其中一位委员提议做一次原子弹的"示范"。他提议与其毫无警告地去攻击一个日本城市，不如召集日本军政要人，在偏远荒僻的地方作一次原子弹威力展示。

但这个计划却遭到奥本海默反对，他指出，日本军政人士也许不为展示所动，再则，原子弹也有可能会失灵；况且日本人还可能动手脚将盟军战俘集中到测试炸弹的地方去送死！

全力支持轰炸日本，且力主美国在战后保持武力优势的国务卿贝尔纳斯，在进行更深入讨论之后，做出下列决议事项：第一，科学家昵称为"小东西"的炸弹将用来轰炸日本。第二，目标选在重要的兵工厂，周围都是工人的住家。第三，轰炸前，日本将不会收到任何警告。这些结论在委员会上取得压倒性的赞成票，包括洛斯阿拉莫斯的领导人在内。

这次会议上，对于有关投掷原子弹的"所有可能目标和所有可能后果"都做了详尽讨论。

1945 年 6 月 16 日，"曼哈顿计划"最高层次的科学家们提出一份不长的意见书，名为"对于立即使用核武器的意见"。奥本海默在上面签了名。意见书修改以后送交史汀生。

意见书分为两点：

第一，在使用原子弹以前，美国应当照会英、俄、法、中四国有关原子弹已经存在的事实，并且欢迎四国与美国合作，利用这个武器为契机改善国际关系。

第二，科学家们在如何使用原子弹这个问题上并没有取得一致意见。一些直接参与制造原子弹的科学家建议，用一次演习来取代真正的攻击。

奥本海默知道，他的大多数同事都是主张以演习取代攻击的。但是，他站在另外一边：不能放弃"用立即军事攻击来拯救美国人生命的机会"。

1945 年春天，太平洋地区血战频仍，日益惨烈。4 月 6 日，美军占领冲绳，日本以最极端手段还以颜色，日本空军组成神风特攻队，以血肉之躯驾驶飞机冲击美国军舰。但是，经过 3 个月地面战争，日军投降人数高达 7400 名，显示日军内部心理防线开始溃败。

1945 年初夏，杜鲁门总统得到的建议是，一旦原子弹准备就绪，就用它来提早结束战争，而且要在苏联出兵以前动手。奥本海默和他所领导的科学家们对此毫无所知，一直到战争结束以后。

选定三一试验场

1944年晚春季节，两辆军车颠簸地穿过新墨西哥州南部干旱的沙漠地区，开进所谓"死亡之途"，这是400年前西班牙殖民者向北侵入北美洲时对该地的称呼。这里杳无人迹，空旷的沙地上常有响尾蛇、蝎子和毒蜘蛛出没。

他们的任务是寻找一处理想的场地，以便试验绰号为"胖子"的内爆式原子弹。试验场要求地势平坦，无人居住，距离洛斯阿拉莫斯不远，便于运送各种装备。

负责内爆试验的肯尼思·班布里奇所领导的选址小组，曾考虑过许多可能的地址，其范围包括由得克萨斯海湾内的沙洲直到科罗拉多州圣路易斯山谷中巨大沙丘之间的广大地区。

但现在，他们已将选择范围缩小到新墨西哥州以内。当车队穿过疾风劲草的原野，迎着咆哮着的沙暴，他们可以看到台地上的狼烟追逐着车队前进。这是曾在几世纪以前侵袭和消灭西班牙入侵者的印第安人的后裔，现在正监视着这车队的行踪的信号。

与班布里奇同行的还有一位军事工程师史蒂文斯少校和奥本海

默本人。奥本海默青年时代曾经和他弟弟漫游过新墨西哥州，也到过这片沙漠，这次旧地重游，暂时摆脱了在洛斯阿拉莫斯的种种烦恼，他感到意外地轻松。

班布里奇一行在回程中确定了试验场的具体地点，但奥本海默没有同行。班布里奇圈定了试验场的范围：18英里宽，24英里长，位于美国空军的阿拉莫戈多靶场的一角。他征得空军同意之后，立即打电话给奥本海默报告他的成果。

奥本海默得知后，高兴之余，立即将试验场命名为"三一"试验场。这是由他最近阅读的约翰·堂思的十四行诗中得到的启示。这首诗歌颂了三一圣体的灵威，诗中写道：

> 三一圣体啊，请你鞭笞我的心灵，
>
> 您一直在启示、规劝、呵责以挽救我的灵魂，
>
> 以您的圣威将把我碎为齑粉，烧为灰烬，
>
> 使我重返人世，获得新生。

于是，新墨西哥沙漠中的这片不毛之地就被赋予了一个神圣的美名。这个试验场地虽然人迹罕至，但离洛斯阿拉莫斯并不太远，交通还算方便。

与此同时，山姆·艾利森由芝加哥调到洛斯阿拉莫斯。他在芝加哥冶金实验室的任务已经结束，前来参加这里的工作。

奥本海默对这位能干的物理学家的光临感到兴奋，他立即任命艾利森为技术计划会议主席，这个顾问机构实际上是掌握整个试验进度的指挥部。

在艾利森的计划会议成立之后，就向奥本海默报告了不少好消

息；虽然在后来它本身也成为引起计划进度内部矛盾的根源。

这时恩里科·费米也已经把研究工作的重点由芝加哥移到洛斯阿拉莫斯，他利用由橡树岭实验反应堆内取得的钚，第一次进行了直径约为 2.2 厘米钚球的中子倍增试验，并由试验结果推算了内爆式原子弹的临界质量。费米给出的外推临界质量数值为 5000 克左右，这个数字与初期的估计值相近，比过去一般人预料的要小得多。

另一位科学家路易斯·阿尔瓦雷斯也完成了为时两年的起爆装置发展计划，满足了内爆弹所要求在 1% 秒之内同时点火的指标。

1945 年 1 月，他报告了按照最后设计所进行的良好试验结果。

在远离实验区的一座偏僻的"奥米加"实验室内，也成功地进行了一系列令人毛骨悚然的最危险的试验，并且得到了最后的结果。

由奥托·弗里施领导的临界装置试验小组，在"奥米加"实验室内正尝试着用实验方法直接取得铀弹临界质量的精确数值。为了达到这一目的，他们进行了称为"逗龙尾巴"的试验。

在 2 月，有一次试验中释放出的能量过大，以致铀棒开始熔化。后来花费了几天时间才清理完现场。

费米领导的实验小组也在"奥米加"实验室大楼内工作。他们对上述铀弹临界试验非常害怕，因此，在进行上述试验时，他们撤出了实验室，躲避到周围的山中。但奥本海默似乎对这种危险的试验特别着迷，他定期前往"奥米加"实验室，在进行试验时泰然地坐着，与试验人员讨论物理问题。

在洛斯阿拉莫斯进行的各项计划进展顺利，使艾利森与奥本海默可以制订出今后 5 个月的逐日进度计划，一直到格罗夫斯将军指定的实弹试验日期，也就是 7 月 4 日为止。

然而，内爆试验计划似乎却尚无成功把握，同时出于透镜型炸药的形状方案太多，因此浪费了稀缺的原材料。

由于这些原因，引起搞工程的基斯塔科夫斯基与物理学家艾利森之间的摩擦，这两种人员之间的矛盾是在过去两年间不自觉地发展起来的。基斯塔科夫斯基说：

> 透镜炸药试验落后于进度。格罗夫斯将军1944年8月曾估计过，内爆式原子弹有可能在1945年春季试验，但现在看来显然是不可能了。
>
> 因此，我认为奥本海默已经对我不抱希望。他对我说，"乔治，让这些人来帮助你"，但艾利森的委员会与其说是帮助我，还不如说是对我的工作冷眼旁观。我们和这批人有过一番争论，他们批评说订购的原材料不合格，我们就让他们自己去订货，最后他们发现这事太困难，自己做不了。
>
> 我认为，矛盾的根源在于我不是一个物理学家。有一次我不得不向奥本海默抱怨说，在最高级委员会内，我是唯一的化学家，"你们伙同起来反对我，因为我不是你们的同行。"
>
> 奥本海默微笑着回答我："乔治，你也是一个出色的物理学家——只不过是第三流的。"

这些矛盾在事后看来似乎是不值一提的，但当时发展到如此严重，以至于在许多年之后，特别是在他已担任美国总统科学顾问而饱经政治风浪之后，基斯塔科夫斯基还能清楚地记住当时的这些冲突以及奥本海默对他的嘲弄。

但不管怎样，这场争论有了结果。在 2 月中作出了一项决定，冻结所有的新设计方案，以便集中力量试验两种透镜炸药。

无论某些高级物理学家如何怒气冲冲地反对这个决定，但这样做之后终于使班布里奇能够抽出足够的人力去加速三一计划的准备工作，并安排在 5 月初进行 100 吨 TNT 炸药的模拟爆炸试验。

这一试验的威力虽然比不上某些爆炸事故，但却是规模最大的一次人为爆炸试验。为了增加试验的效果，决定在炸药中放入一定量的放射性物质，以便科学家们可以首次观察一种新的现象：放射性物质的沉降。

1945 年 5 月 7 日清晨，科学家们引爆了 100 吨 TNT 炸药，进行了三一计划的演习。虽然随后德国向同盟国无条件投降。

一位科学家说："大家仍然受到这项计划进展的顺利和所涉及的先进技术的鼓舞，继续努力工作。"

此时，已有 300 多人在酷热的沙漠里工作，其中包括军人、物理学家、气象人员和远距离通信人员。他们在木棚中，在密布的电线之间和崎岖的土路上孜孜不倦地劳动。

肯尼思·班布里奇为了接纳更多的人员，又订购了 75 辆汽车，但原有的道路系统显然已不能负担新增运输量的需要。这只是必须考虑到的许多困难之一。为此，班布里奇不得不说服吝啬的格罗夫斯批准动用 125000 美元修建 40 千米的沥青公路。

虽然无线电通信采用了专用频道，但科学家们发现其频率竟与 900 多千米外得克萨斯州的圣安东尼奥调车场所用的相同，他们可以听见铁路人员调动车皮的命令。

这些铁路人员也可以听见科学家们准备试验原子武器的通话，同时在邻近的索科罗机场的指挥塔里也可以听见科学家们的谈话。

这再一次构成保安方面的严重问题，因为在试验前这一缺陷未能及时纠正。

3月和4月，住在三一试验场上的宪兵与科学家队伍生活非常寂寞，只能用电影、扑克牌和偶尔到沙漠中猎取野羚羊来消遣。但他们生活的所有方面都愈来愈紧张，工作非常繁忙。

清晨5时，试验场就开始一天的活动，为的是充分利用凉爽的环境，但到了酷热的中午，也不能停止工作。太阳烤炙着沙土，使温度高达38摄氏度以上。

碱性的沙土吹进了精密仪器内部，也黏附在人们汗湿的身体上。尽管气候炎热，但很少有人敢于脱去上衣工作，相反，遇到刮风天气，还需要戴上防护眼镜或用手帕包住脸部。冷水淋浴也起不了清洁皮肤的效果，只不过是用冷水里的另一种污垢代替身上的灰沙。

除了饮用水由卡车从外面运来以外，营地上所用当地的水中含有大量的碱与石膏，洗涤之后会在皮肤上留下一层带刺激性的沉淀物并使头发变硬。

那里医院的医生不得不治疗日益增多的皮肤病人与痢疾病人，这种痢疾是由于石膏的泻腹作用引起的。

野生生物是引起麻烦的另一根源。在这里工作的人员常受蝎子和毒蜘蛛的蜇咬，还要提防毒蛇和毒蜥蜴的袭击。

由于三一试验场是在空军的阿拉莫戈多靶场的一角，这同样也带来了不小的危险性。在初期，有一队进行夜航训练的轰炸机群把试验营地误认为是轰炸目标，曾用炸弹集中轰炸。有一枚炸弹正中马棚，另一枚命中木工厂，但竟然没有一人受伤，这真是近乎奇迹。

尽管试验基地的指挥员一再向空军提出请求让他们注意，在以后又发生过一起意外事件。一架进行非法狩猎飞行的B-29轰炸机从一队在沙漠中工作的科学家头顶飞过，并用尾部机枪向离他们不远的一群羚羊射击。大批科学家赶紧匍匐在地，子弹呼啸着打在他们身边。

1945年6月，在洛斯阿拉莫斯采取了最严厉的保安措施，禁止任何人访问周围的市镇。在阿拉莫戈多到三一试验场的公路上还有一两家旅馆，当时也禁止任何人留宿。甚至洗衣房也因保安要求而停止营业。

在试验前最后几个月内，原子弹的研制工作闯过了好几次令人焦急的难关。4月是顺利的，透镜状炸药形状问题终于得到解决，而且罗伯特·巴彻尔甚至报告说内爆冲击波的对称性比预计要好。

炸药点火装置和引爆所用中子源的研制工作进展也很顺利，同时理论部也提出了一系列有成功希望的设计方案。汉斯·贝特也在他所作的一系列有关原子弹威力预测值之外提出了一个新的数字，大约5000吨TNT当量，这比过去所预期的威力要大得多。

然而，5月却是一个倒霉的月份：炸药的电雷管性能达不到原定的可靠性指标。在原子弹外表面上安装的几百个电雷管中，只要有一个失误，就会破坏冲击波的对称性。

在离试验日期不到两个月的时候，新制成的电雷管却经常在试验中损坏，而且找不出原因。火上加油的是，承担研制点火线路的厂家不能按时交货，因此整个爆炸装置的试验延期了。

这种厄运的后果和负责组织这项试验的沉重负担在奥本海默身上明显地反映了出来。他看上去愁眉苦脸、心事重重，脾气变得暴躁，完全不像过去那样待人彬彬有礼。

以前他还能抽空陪基蒂骑马到他所熟悉的山冈里漫步，但最近几个月完全不可能了。更加不巧的是，他偏偏不早不晚在这个关头患上了水痘，因此从春季以来他的体重减少了 13 千克。他本来身体不算健壮，而现在体重仅有 52 千克，对于一个身高 1.8 米多的男人来说，这个重量简直是轻得可怜了。

6 月初，在爆心点承建铁塔的承包商来到现场，开始安装约 33 米高的钢架塔，在它顶部的小棚内将安放绰号叫"胖子"的钚弹。铁塔的高度是根据 5 月进行炸药模拟试验结果推算出来的，主要是为了减少放射性沉降的危害。

在模拟试验的炸药堆中放入了放射性物质，爆炸之后这些物质随烟云上升，经测量证明没有造成有害的放射性沉降。但这一试验结果还不能给出肯定的结论。

高空的气流虽然把烟云吹送到几百千米之外，但据估计如果这次爆炸是一次真正的核爆炸的话，放射性灰尘仍将降落在距试验场 60 多千米以外的卡里佐佐小镇中。

预计"胖子"炸弹的爆炸威力比这次演习还要大许多倍，但如将炸弹安放在尽可能高的空中，就可以使致命的烟云大大减小。然而，没有人知道将来真正会发生什么情况。影响沉降的因素是非常多的，如爆炸威力的大小。因为到目前为止还只有非正式的猜测值，直至精确的气象条件。只要有一股强风，或者出现了沙漠地区常见的所谓逆温层现象，都有可能使放射性物质在离地面不高的空中被吹送到几百千米的地区内。

兰辛·拉蒙特在他写的《三一试验日》一书中，曾经叙述当时的放射性监测负责人斯塔福德·华伦和一位军医詹姆斯·诺兰大尉制订了一项撤退计划，并带到橡树岭请求格罗夫斯批准。当时格罗夫斯并不认为放射性沉降是一个值得优先考虑的问题，因此拒绝提供部队的车辆供三一试验场迅速撤退之用。

为了考虑参加试验的科学家们从距离爆心仅仅 8~16 千米撤退的问题，班布里奇受命寻找由该高地逃生的几条可能的路线。只有三条路可走：一条向南去的老路，一条向北去的新修沥青路，还有一条从群山间峡谷中绕行的崎岖小道。此外别无他路。

到 6 月底，对制订技术计划的人员而言，坏运气才出现了决定性的转机。在"奥米加"实验室进行临界装置试验的弗里施研究组得到了确切的数据，这次所获得的是钚的临界质量。理论部报告了完全实用的引爆器已制造成功，而承包电雷管的厂家报告说，他们已按新设计生产出可靠性比过去提高百倍的电雷管，这可能是最重要的进展了。

6 月 30 日，奥本海默和负责监督内爆式原子弹试验、被称为"牧童委员会"的高级科学家小组，共同确定了试验日期：7 月 16 日清晨 4 时。

7 月初，莱奥·西拉德进行最后一次努力，希望能改变局势，他写了一份请求书直接送交总统。这份请求书由 67 位科学家签名，其中有些人是受良心谴责而这样做的。请求书呼吁杜鲁门总统不要在对日本提出适当警告而对方拒绝投降之前，就突然使用原子弹。

格罗夫斯对此作了巧妙的安排。他一方面允许这份请求书在一部分科学家之间传看，并且在整个"曼哈顿计划"范围内使科学家感到并没有人对这份请求书不满意。另一方面，他安排了一条"特殊"的递送路线，恰好使得请求书尚未到达华盛顿之前，杜鲁门已离美赴波茨坦开会。因此，杜鲁门从来没有看到过这份请求书的内容。

试爆前一波三折

在三一试验场上的铁塔已经竣工。一架 B-29 轰炸机每天都在铁塔上空作枯燥无味的飞行，以模拟它在试验中的任务。由于对原子弹爆炸的威力尚无定论，因此它担负的任务是试验中最危险的一部分。

飞机预定在爆炸之前飞近铁塔，投下一个模拟原子弹的仪器后，然后俯冲并急转弯飞离现场，以免被原子弹的冲击波所吞没。这种飞行就是将来在日本上空投掷原子弹的预演。

然而，在充满激情和最后冲刺的紧张心情之下，仍然隐藏着某种信心不足的情绪。这可以从当时流行的一些不吉利的幽默话中看出。

例如，在三一试验之前几星期中传播的一首打油诗写道：

尽管杜鲁门的板斧高悬，

科学家也只得引颈受戮，

实验室造出了一颗哑弹，

扑哧一声成为举世笑谈！

在洛斯阿拉莫斯实验室里，科学家们的心情还可以从他们对三一试验中原子弹威力打赌的情况看出来，打赌时的估计范围从悲观的估计一直到近乎吹牛不等。

爱德华·泰勒作了最大胆的估计：爆炸相当于 45000 吨 TNT 炸药的量。汉斯·贝特曾经提出过 5000 吨的官方数字，现在给了一个更加乐观的估计值 8000 吨。乔治·基斯塔科夫斯基估计其威力只有1400 吨，而且认为这个数字可能还过于乐观了。

其余的科学家估计的威力更低，有一个干脆说等于零。奥本海默也参加了打赌，他估计只有 300 吨 TNT 炸药的威力。无论如何，作为一位应当在此刻鼓舞士气的指挥员，对前景作如此预测，实在不足以振奋士气。对于奥本海默为什么作出如此悲观的估计，其动机可以从任意角度进行猜测。

格罗夫斯显然已感到奥本海默身心交瘁的状况，并为之十分担忧。他一方面采取措施力求保护奥本海默的身心不致崩溃，另一方面也拟定了一张后补指挥员的名单，以便在万一发生意外时有人接替他。

格罗夫斯认为，奥本海默目前最需要一位没有卷入原子弹试验工作的朋友比较镇静的友情。但他的弟弟弗兰克已经出发到三一试验场担任助手，不能充当这一角色。

于是，格罗夫斯在试验的前几天邀请正在东部从事雷达研究的伊西多尔·拉比飞到洛斯阿拉莫斯。奥本海默与拉比自从在莱顿上学以来，已经是 15 年以上的密友了。据拉比回忆：

我是少数几个能够向他直言不讳的朋友之一。我并不崇拜他，但他知道我心里喜欢他，而且我尊重他的权威。他明白我总能真诚地回答他的问题。

拉比在7月初来到三一试验场。他头戴礼帽，身着黑色外衣，手提雨伞——这种不协调的打扮似乎给人一种自信的感觉。

7月5日，奥本海默对于进度感到信心十足，因此发电报邀请劳伦斯和康普顿分别从伯克利和芝加哥来三一试验场。电文如下：

15日后宜作垂钓旅行。但可能因天气变化稍延数日。
鉴于睡袋不足，请勿携他人前来。

几天之后，在洛斯阿拉莫斯用模拟弹开始进行了一系列的试验，每一次试验都是几天后在三一试验场进行的真原子弹试验的预演，以便从中发现问题。包括将它装在车上驶过铺上碎石块的道路，以模拟运往三一试验场时颠簸的路况。

7月11日晚，奥本海默在办公室取了两份文件，就回到家中与家人告别。基蒂从花园里找到一朵四瓣的苜蓿花，送给奥本海默作为吉祥物。

他们定了一句暗语，约定在试验成功后，由奥本海默打电话回家说："请换一条床单。"

第二天，星期四凌晨3时，菲利浦·莫里森由一名警卫和一名辐射剂量员陪同，从"奥米加"实验室的地下仓库内取出钚弹芯。弹芯分为若干块，每块都不到临界质量，分别装入两个特制的手提箱内，开始运往三一试验场。

莫里森回忆道：

每个手提箱都设计成为能防腐蚀、防漏水、防过热以及防止一切能够预想到的意外事故的结构。

我们认为在沙漠中进行的这次试验仅仅是将来在太平洋地区使用原子弹的一次实弹演习。但我们非常担心在运输过程中发生车祸。

莫里森坐在罗伯特·巴彻尔小轿车的后座上，把两个小手提箱放在他的身旁。在前后各有一辆警卫车护送下，他们向阿拉莫戈多进发。

"我记得当我们穿过圣塔菲时，正当深夜，全镇一片沉静。我不禁想到这次旅行是多么不同寻常：在一辆普通的小轿车里，所运送的竟是世界上第一颗原子弹的弹芯！"

在同一天傍晚，这个不引人注目的小车队驶离尘土飞扬的道路，停在原牧场主人麦克唐纳遗留下的畜牧房旁。其中有一间房屋已改造成为原子弹的装配间，莫里森把这个价值连城的货物放下，准备次日早晨进行弹芯装配。

在当天半夜，有一个更大的车队准备离开洛斯阿拉莫斯驶往三一试验场。其中有一辆卡车装载着弹芯周围的炸药装置，大家都把它称为"新玩意儿"。

基斯塔科夫斯基回忆道："出于安保的原因，我们在夜间运输。但我起了一个奇怪的念头，决定在午夜10分钟过后起程，因为这一天正好是一个不吉利的13号，星期五。"

一名押运这个"新玩意儿"的特种工程支队的士兵里奥·杰西诺维克回忆：

我们由一大队保安部队护送，在卡车前后都布满了宪兵。我原来以为这种货物应当在寂静的夜里秘密地运输，但不知什么缘故，每当我们穿过村镇时，他们都要拉响警报器并打开红色闪光灯，喧嚣过市。

他们这样做的目的可能是想要赶走挡住车队去路的醉汉司机，这一目的是达到了，然而却惊醒了沿途的一大半居民。

然而，当他们经过长途跋涉到达营地时，人们却以出乎意料的冷淡态度迎接基斯塔科夫斯基。

他回忆当时的情景说："我发现总部陷于一片骚乱之中。可怜的唐·霍尼格告诉我，由于一个包含点火机构的部件在使用之后损坏了，奥本海默和格罗夫斯把他质问了整整一夜。我立即去见他们，奥本海默神情十分紧张，劈头盖脸地大骂了我们一顿。

"于是霍尼格和我把部件拆开，发现原来他们试验的次数太多，以致有几处焊点因发热熔化而断开了。归根结底，这个部件原来是根据装进原子弹只用一次的要求设计的，而他们至少试用了几百次！这样，损坏的原因弄清后，谢天谢地，一场小小的风波总算过去了。"

与此同时，麦克唐纳牧场正在举行一次不寻常的小仪式。罗伯特·巴彻尔作为加州大学的代表，正式将原子弹的弹芯，即相当于20亿美元的账单，移交给格罗夫斯将军的助手托马斯·法雷尔将军。

法雷尔将军在文件上签字之前，半开玩笑地对巴彻尔说能不能让他看看他所买到的价值连城的货物究竟是什么模样。他们给将军戴上一副橡皮手套，把箱子打开给他看了弹芯。他用手摸了摸光滑的表面，感到似乎有点烫手。

上午9时，开始装配原子弹芯。这一组共8名科学家围住一张桌子，俯视着桌子上摆着的钚块。

一位加拿大的科学家路易斯·斯洛廷坐在桌旁，他曾经在临界装置上进行过多次最危险的试验，现在正全神贯注地把这些钚块拉到一起，一直到接近临界的位置上为止。

室内气氛极其紧张。只要有一点疏忽，哪怕是瞬时达到临界，不仅会使这颗弹芯无法再使用，也将使整个装配小组的成员受到过量辐射而注定会慢慢地死去。

奥本海默亲临现场观看，但在此情况下他已全然无法干预。就像剧场的帷幕刚要升起之前，导演对演员的演技已无能为力一样。但巴彻尔感到奥本海默的紧张情绪会影响到所有在场的人，因此要求他离开现场，以便装配工作顺利进行。

在铁塔底下，基斯塔科夫斯基和他的小组花了一整天时间将"新玩意儿"装好，以备把弹芯插入。

15时18分，他打电话给麦克唐纳牧场，通知说已经可以将弹芯装入"新玩意儿"了。于是人们又把弹芯放上担架，抬出装配间等候轿车，这次仍然由巴彻尔开车将弹芯送到铁塔下面。

为了防止风沙，在铁塔下搭了一座临时帐篷。当科学家们进入帐篷工作时，与帐篷外沙漠中耀眼的阳光与酷热的气候相比，感到分外阴凉，就好像走进教堂一样。

在暗淡的光线下，他们将弹芯装在一具手动吊车上，吊到炸药装置的正上方，再慢慢地向下放。

在紧张的气氛中，计数器滴答作响，除了偶尔听到一两句命令外，其余时间鸦雀无声。弹芯的几块亚临界部件相隔如此之近，只要轻轻一碰就会引起链式裂变反应。

这时奥本海默又来到现场，观看操作人员将弹芯装入弹体。当弹芯下降到弹体的中心位置时，计数器的响声大作。这时装配暂停，对中子计数的增长率进行核算后，再继续进行装配。

从这天下午开始，风力逐渐加大，把帐篷吹得哗哗作响，并且随时有可能吹破薄薄的密闭门，把沙土刮进来。正当紧张的时刻，弹芯忽然在下滑途中被卡住了，有人轻轻地咒骂了一句，一时间谁也不明白到底发生了什么意外。

罗伯特·巴彻尔回忆道：

> 我们曾用弹芯模型试装过，因此认为钚弹芯应该能装得进去，后来我们才明白过来，原来现在装的真钚弹芯自己会不断地发热，以致温度升高，发生了一些膨胀。
>
> 所以，我们决定等候一段时间，看看弹芯和外面的部件是否会达到温度平衡。

在紧张的等待中，时间一分一秒地流逝。奥本海默叼着烟斗，在帐篷外转来转去。然后，试装重新开始，这次终于一装到底，没有再遇到阻碍，这个难关总算渡过了。到晚上22时，整个原子弹已安装完毕，放在被风吹得哗哗作响的帐篷内等候天明。

现在，天气又变得令人焦急了。经过接连几个月的闷热，天气开始变化，根据预报将有多次风暴来临。

以杰克·哈伯德为首的气象小组，其中包括有盟军在欧洲登陆时的气象组长在内，现在被当做"先知"。人们都焦急地等候着他们发出最新的气象预报。

7月14日星期六早晨，暴雨覆盖了试验场所在的整个地区，而据杰克·哈伯德预告这场风暴至少将持续两天之久。

在同一天早晨，奥本海默接到由洛斯阿拉莫斯来的电话，向他报告说，在模拟台架上先行试爆的三一炸弹模型已证明是失败了。报告称，这个炸药装置没有能产生一个球形对称的冲击波，而是产生了一堆乱七八糟的波形。

洛斯阿拉莫斯实验小组告诉奥本海默，据他们看来，这种结构的原子弹不可能成功。奥本海默经过几星期的精神紧张和前几天的焦急与挫折，现在又听到这种消息，已经不能控制自己了。基斯塔科夫斯基再度成为他的攻击目标。

> 这一次他谴责我要对整个计划的失败负责，而且说我是使奥本海默和他的上级陷入困境的罪魁祸首。我刚只说了一句我不相信试验结果是正确的，话音未落，甚至连我的好朋友罗伯特·巴彻尔也指责起我来了。
>
> 奥本海默非常恼怒，抱着绝望的神情走来走去。这时我向他说，'奥比，我用我一个月的薪金赌你10美元，保证原子弹能行！'奥本海默接受了这个赌注，然后我就走开了。我简直无法忍受，于是一个人漫无目标地向沙漠中走去。

那天早晨稍晚些时候，基斯塔科夫斯基回来了，他帮助别人把原子弹慢慢地吊到铁塔顶上去了。汉斯·贝特仍然留在洛斯阿拉莫斯，出于他为人可靠，因此命令他详细检查模拟弹的试验情况，并尽快向奥本海默报告结果。

当这枚价值 20 亿美元的原子弹缓缓吊离地面时，人们只采用了最普通的保险措施。在三一试验场工作的特种工程支队的里奥·杰西诺维克回忆当时的情景："我们订购了一大批床垫，足足装了好几卡车。当原子弹吊到一定高度之后，我们就停下来，把床垫铺在炸弹下面，差不多足足堆了 20 米厚。这样，万一炸弹掉下来，至少可以让它落在软绵绵的床垫上。"

把原子弹从地面吊到塔顶足足花费了两小时。当时风很大，炸弹在塔里摇晃，人们非常害怕炸弹被卡在铁塔的边上。吊车慢慢地把原子弹往上吊，钢丝绳则卡在滚轮上沿着铁塔外侧的导轨上下滑动。

突然有一对滚轮脱轨从塔侧落下，吊车摇晃着停止了转动。每个人都吓得不敢出气，眼看原子弹在铁塔内部的狭小空间荡来荡去，幸好没有碰坏。

最后，只好由杰西诺维克和另一名特种工程兵爬到塔顶上，打开小屋的地板门，把原子弹慢慢地引导到离地面 100 米的铁皮小屋内的预定位置上。

在这个星期六的夜间，奥本海默睡得很少。他用了一部分时间分析几次试验失败的原因，但直到他最后回到营地茅屋的卧室后，他仍然不能入睡。

托马斯·法雷尔当时住在奥本海默隔壁，听见他在床上翻来覆去，连声咳嗽，简直好像在生一场大病似的。

星期日清晨，由洛斯阿拉莫斯打来了电话，奥本海默亲自接了这电话，是汉斯·贝特打来的。他已经校核了在模拟台架上爆炸试验的结果，发现这些结果毫无意义。

由于试验的设计错误，所测量到的数据只不过是附带的效应，并不反映内爆的效果。因此，虽然他不能证明这次试验完全成功，至少已能向奥本海默保证这并非是一次失败。

这一消息使奥本海默大为高兴，他急忙用了早餐，立即动身到铁塔下面。今天的任务是反复检查分布在爆心点周围沙漠中各地点的记录仪器、电子设备和无数的试验装置。

清晨的天气还好，但后来天空却开始阴云密布。下午，雷声阵阵传来。气象人员紧急地向天空放出气球，希望能弄清气候变化的趋势。

16时左右，奥本海默最后一次来到铁塔上巡视。乌云在天空中翻滚飞驰，预示着暴风雨即将来临。他爬上塔顶，站在他从实验室里创造出的宝贝旁边。

这件宝贝其貌不扬，使人难以看出其中隐藏着如此精湛的技术奇迹。它看上去很像一颗水雷，在表面上布满电线，把64枚雷管连接到点火装置上。

奥本海默一人独自站立在离地100米高的塔顶，在被风吹得哗哗作响的铁皮屋顶下，倾听着远处的雷鸣，细心地查看这第一颗原子弹。

当天傍晚，格罗夫斯将军也来到了营地，他立即让气象人员给出精确的预报。现在离试验时间只有7个小时了，但天气愈来愈坏。接着就开始下雨了，闪电划破夜空。大雨不仅可能使复杂的电路受潮而短路，而且有造成放射性沉降的危险。

在新墨西哥州南部各地都驻有科学人员准备监测放射性沉降水平，万一发现放射性超过危险剂量，许多宪兵队随时可以协助居民撤离。在此刻正有一个这样的小组在离爆心最近的索科罗小镇上坐在汽车内待命。

但没有人真正知道，如果发生了最坏情况，依靠这样少数几个人怎样能完成撤退4000名居民的任务。在离开阿拉莫戈多约300英里外的得克萨斯州的阿马里洛市有70000人口，却没有任何在意外情况下撤退居民的措施。然而，在当时那种天气条件下，这个城市完全有可能受到放射性物质的污染。

奥本海默和格罗夫斯共同与气象人员讨论了天气变化的前景。最后，他们一致同意，目前还无法作出结论，并且商定到午夜再碰头。

格罗夫斯回去睡了一个好觉。奥本海默则坐在那里，抽烟，咳嗽，竭力想读点东西。

当晚，班布里奇又听到一种谣言，它像野火一样传遍营地。据说有人听见某些高级科学家预言原子弹会把大气层点燃。人们还听到他们估计这种燃烧反应进行的速度和波及的范围，并且说他们还打赌，究竟大气层被点燃后会毁灭全人类，还是只毁灭新墨西哥州的居民。

班布里奇对此大为震怒，他立即报告给奥本海默，两人讨论了当前的形势。显然，这一批试验人员已经到了心力交瘁，濒临崩溃的边缘，因此两人一致认为试验不能再延期。为了制止这种无故的惊慌的情绪蔓延，也成了不惜一切代价如期进行试验的一个理由。

同一天，杜鲁门与丘吉尔到达德国的柏林出席波茨坦会议。斯大林住在离他们1英里以外的地方，也在这座被炸弹夷平的城市中作会议准备。

杜鲁门当时在很大程度上想依靠原子弹试验的成功来加强他的谈判地位。对于他来说，也要求如期进行原子弹试验。

当天午夜，格罗夫斯与奥本海默又开会讨论试验是否需要延期。

这时还在继续下雨，铁塔笼罩在浓雾之中，而且有预报说一场风暴正在迫近试验场地。

杰克·哈伯德在当天早些时候曾经预报说天气会及时转晴，现在看来这个预报似乎愚蠢得可笑。当这种前后矛盾的预报传到格罗夫斯耳中后，他在会议上决定由自己来掌握试验的命运。

格罗夫斯写道："出于气象人员被长期天气预测的失败弄得狼狈不堪，我只好免去他们的这种义务。在这之后我自己必须担当起天气预测的责任，这是我并不擅长的一个新领域。"

这样的决定不仅关系到原子弹试验的成败，而且可能影响周围许多城镇居民的生命。因此，虽然奥本海默同意格罗夫斯把作决定的时间再推迟一两小时，但他仍继续与哈伯德保持联系。

格罗夫斯尽管睡了几个小时觉，但现在依然显得很紧张。他忽然认定铁塔的安全没有保证。

基斯塔科夫斯基对这一点解释说："当时把原子弹装好后，警卫就撤离了，为的是万一发生什么意外事件，可以避免引起伤亡，如铁塔受到雷击等。但在2000米以外则仍然布有岗哨。格罗夫斯忽然产生了一个奇怪的念头，就是破坏者，比如日本人，会从天空乘降落伞来进行破坏。我认为这完全是神经过敏，但他坚持要在铁塔上面设置岗哨。"

因此，基斯塔科夫斯基只好与几位科学家以及一些神经紧张的军人拿着手电筒和机关枪，到铁塔脚下宿营去守候一个根本不会降临的假想的敌人。

格罗夫斯派出了这批警卫之后，又到别处去寻找漏洞。他忽然把注意转到奥本海默身上。

这时奥本海默正在营地食堂与科学家们聊天，喝咖啡，一支接一支地抽烟。他与拉比谈话，看来恢复了信心，但费米走进来向他报告令人吃惊的放射性沉降预测结果。费米发现，如果风向急转再加上暴雨，就可能使试验场本身受到严重的放射性污染，因此他想说服奥本海默把试验延期。

据格罗夫斯观察，奥本海默听到他所尊重的科学家们的各种预测后，愈来愈心情激动与思想混乱。因此，格罗夫斯出面干预这件事，并建议奥本海默离开这里，陪他一起到离爆炸中心很近的一个坑道去观察。有些偏爱奥本海默的科学家出来阻挠，说奥本海默不应当亲自在那样近距离观看原子弹爆炸，但格罗夫斯坚持要这样做，于是两人一道在黑夜中驱车驶向那个坑道。

当时在坑道中的另一位特种工程兵狄克·瓦特回忆道："在坑道四周布满水坑。我记得看见他俩一脚高一脚低地避着水坑走路，热烈地交谈……希望能作出决定，到底要不要和应不应该把原子弹引爆。"

奥本海默收到了哈伯德的最新气象预报——他们预计黎明前风暴会暂停，在 20000 米高空风向会转为东北风，正好把放射性沉降带到三一试验场周围人口最稀少的地区去。

但这份预报送到没多久，铁塔本身就遭到暴风雨的猛烈袭击。狂风卷着大雨四面扑来，到处电闪雷鸣。但好在落雷的地点离开铁塔还有好几英里。守卫原子弹的科学家们计算着雷声与闪电相隔的时间，用以推算雷击地点。显然，雷电愈来愈近了。

现在离天亮只有 3 个小时了。原子弹试验需要在黑暗中进行，以便于观察。因此，格罗夫斯与奥本海默只剩下唯一的选择——就是把试验时间推迟到清晨 5 时 30 分，希望到那时暴风雨会停歇。如果风雨不停，那么天亮之后就无法试验，只好把日期往后推。

原子弹首爆成功

7月16日清晨4时，雨终于停了。风也转向，朝西南方吹，与市镇反方向。气象组的哈伯德又等了45分钟才送出他的最后报告："地面平静。风速随高度渐增，直到40000米处风速最大。未来两小时内情况基本不变。云层已开始消散，变为多云气候。"

这份报告送交奥本海默，他同意报告内容。经过商量，原子弹试验最后定在清晨5时30分进行。

在铁塔下守卫的试装部队中，有一位年轻科学家乔·麦克说："我做了一个梦，看见基斯塔科夫斯基拿起一个水龙头往原子弹上浇水，这时我醒了，发现原来是铁塔上有水滴落到我脸上，而肯尼思·班布里奇正俯身在看我。"

当最后决定进行试验时，班布里奇正在铁塔顶上。这时整个武装部队，包括基斯塔科夫斯基在内，都最后由铁塔撤离。在离开之前把所有的开关都合上。

班布里奇回忆说：

当我合上最后一个开关时，我的神经非常紧张。因为这个开关接通了向点火机构供电的电源，合上之后就可以由坑道直接引爆原子弹。因此，如果有人回到了塔底下并发生一点什么差错，其后果就不堪设想了。

基斯塔科夫斯基等人都坐我的汽车最后撤离铁塔。我拼命快开，好像是在逃命。但由于道路太坏，车速很难超过35英里至40英里。

不直接参加试验的科学家们以及贵宾和其他参观人员，都聚集在试验场西北20英里以外的一个安全场所，那就是康帕尼亚山上，观看这次试验。每个人都发了一副焊工眼镜，可以透过它的黑玻璃观看爆炸情景。

爱德华·泰勒甚至还带了棕色护肤膏，以便涂上防止爆炸时的紫外线灼伤。清晨5时10分，在沙漠中各处设置的扩音器响起了山姆·艾利森博士的声音："现在是0时差20分"。

警卫铁塔的武装部队进了坑道，看到里面挤满了物理学家和军人，还有一两名神经科医生，奥本海默也在其中，他瞥了麦克一眼，看出后者还算镇静，就走到别处去了。麦克是最后离开铁塔的人之一，他接受命令引爆第一枚原子弹。

在此后几分钟内，继续进行倒数计时，奥本海默独自一人在坑道内外走进走出，显得紧张与孤僻。有一位坐在麦克旁边的科学家，负责管理一个紧急按钮，一旦麦克的控制台上发生了什么故障，他可以随时中断试验。

这位科学家看到奥本海默过分紧张，想开一个小小的玩笑让他轻松一下。

他说："奥比，我想很可能在0时差5秒时，我把开关一拉，然后向大家宣布：先生们，试验不成了，都回去休息吧！你看会这样吗？"

奥本海默并没有被他的诙谐逗乐，反而冷冷地回答说，"你神经没有毛病吧？"

倒数计时继续进行。营地上的警报器拉响，人们都掩蔽到附近的壕沟之中。

"差1分，差50秒，"倒数计时的报时声在沙漠营地周围发出回响。在扬声器中夹杂着美国之音播送的音乐，因为两者频率碰巧相同。当时广播电台正在播送柴可夫斯基的提琴小夜曲。

在差45秒时，麦克合上了开关，投入自动定时操作。班布里奇说，"从原子弹爆炸前20秒钟开始，我完全清楚将要发生的全部过程，因为这些已经事先在仪表系统中设计好了。"

在起爆前10秒钟，麦克合上了最后一个手动开关。

最后倒数几秒，奥本海默更加紧张，整个人似乎为这项伟大的科学成就付出的努力所榨干。

在场的人描述当时的情况道："他几乎是屏息以待，从头到尾保持一个姿势来稳住自己。"

而基斯塔科夫斯基冲出掩体，站在坑道顶上。"10……9……8……7……"

艾利森在倒数计时内忽然想到原子弹爆炸可能产生像闪电一样的效应，因而他手中抓住的话筒有使他触电的危险。因此，在计数报到差1秒钟时，他扔下了话筒然后竭尽全力地高呼："零！"

第一枚原子弹爆炸了。

奥托·弗里斯这样地描写当时的壮观景象：

这时，万籁俱寂，忽然出现一片耀眼的强烈光，或者说是像太阳一样的强光。这是一股炽热的、无定形的白光，把沙漠边际的小沙丘照得雪亮，仿佛要将它们全部融化。

正好几秒钟之内，光线的亮度没有变化，然后开始减弱。这时我才转过身去，想看看这个小太阳似的火球究竟是什么模样，但它的光度仍然太强，不可能正视。

我眯着眼睛，想看个清楚，大约又过了10秒左右，火球开始膨胀，同时亮度减弱，这时看起来好像用石油燃起的一片大火，其形状犹如一个大草莓。

火球由地面缓缓上升，下面连着一个急剧旋转着的、由尘土构成的长尾巴。我当时想到一个不恰当的比喻，这像一只烧得通红的大象用它的鼻子撑着倒立在地面上。

然后，当灼热的烟云逐渐冷却而且红光减弱之后，可以看到在它四周有一圈蓝光环绕，这是由离子化空气产生的光芒……这真是无比壮观的景象，任何亲眼见过原子弹爆炸的人，对此都将终生难忘。

所有这一切都在一片宁静中出现，直到几分钟之后，才传来了一声巨响，我赶紧堵住自己的耳朵，但声音仍然震耳欲聋。接着是一片"隆隆"的轰鸣，就像远处有载重火车开过的那样。到现在我耳边仿佛还能听见这种响声。

菲利浦·莫利森位于离爆炸中心约16千米处，他说："虽然还是夜晚，你却感到仿佛白昼突然来临，就像在午夜中出现在沙漠中的太阳，使你感到脸上灼热。"

在坑道内，人们可以看到由背向爆心的出口处闪进一股强烈的白光，从而知道原子弹已经爆炸。几分钟之内仍然是一片寂静，随后传来了雷鸣般的巨响。

奥本海默回忆道："有几个人笑了，有几个人却哭了，大多数人惊呆了，一声不响。我心中浮上了古印度诗圣《博伽梵歌》中克里希那试图说服王子执行他使命的一句话：'我成了死神，世界的毁灭者。'"

当奥本海默走出坑道来观看巨大的火球上升时，人们纷纷向他祝贺。基斯塔科夫斯基激动地拍着他的肩膀说："奥比，我赢了。"

奥本海默正处于激动的高潮中，他什么话也没说，强压住心中的激动，真的不知道说什么好。在这之后，肯尼思·班布里奇内心充满着成功的喜悦，他郑重地、自信地找到奥本海默，握住他的手说："奥比，现在我们将永世被人诅咒了。"

在营地上，恩里科·费米在见到闪光之后而冲击波尚未来到之前，自己设计了一个简单的试验。

他手上抓住几张小纸片，当冲击波侵袭营地时，他撒下手中的纸片。由纸片被冲击波带走的距离，他可以估算原子弹的威力相当于 20000 吨 TNT 炸药。他这个估计值的准确程度着实令人惊讶。

伊西多尔·拉比也在营地，他从他自己身上观察到某些现象。在一分钟之后，他的手背上都起了鸡皮疙瘩。

"当时我有一种说不出的感觉，是一种可怕的、不祥的、令人倒霉的兆头。直到现在我也忘不了这种憎恶心情。"

稍晚一些，当天亮时，拉比看见奥本海默刚从观察坑道回到营地。在微光中奥本海默茫然移步，完全像一个沉思中的陌生人。他的举止使拉比回想起那不祥的鸡皮疙瘩。

"我永远忘不了他走路的样子，"拉比回忆道，"我也永远忘不了他刚下汽车时显露出的那种神情。"

两次轰炸日本重镇

1945年7月16日，三一基地的"胖子"炸弹试爆成功后几小时，"小男孩"炸弹的元件，也被送上停泊在旧金山湾的"印第安纳波里斯号"战舰上。

当晚，战舰就驶向美国最前线的空军基地提尼安岛。自1945年初以来，此地停驻的轰炸机都以传统炸药对日本城市进行轰炸。

7月16日~21日之间，杜鲁门总统连续不断地收到原子弹试验成功的报告，一份比一份更详细地描述了这一惊天动地的事件。然后，在7月21日，格罗夫斯的详细报告的全文送到波茨坦，它不仅使杜鲁门也使丘吉尔感到吃惊。

到8月初，"小男孩"炸弹的其他部分，连同"胖子"的第一批元件，也由空军运输机自新墨西哥州送达提尼安岛，许多科学家在那里把两枚原子弹的部件最后装配好。

之后，"小男孩"炸弹被装置于特别改良的B-29轰炸机上，准备轰炸日本的广岛，这是一个被"过渡委员会"的目标小组所选中的不幸城市。

就某些方面来看，广岛算得上是个军事目标，日本第二军团总部就设在此地，第二军团是领导抵抗美国入侵军队的兵团，另外还有一些相当大的军用品补给站也位于广岛。

1945 年 8 月 6 日天未亮时，一架 B-29 轰炸机由提尼安岛空军基地起飞，这架由飞行员命名为"安诺拉·盖伊"的轰炸机，携带被称为"小男孩"的铀弹，在轰鸣声中向广岛方向飞去。

广岛，一个位于大田河口的城市。此时的广岛人口已由战争前的 40 万人减少至 30 万人，大部分是平民。

1945 年，大规模的轰炸已经使东京以及其他许多日本城市遭到严重破坏。广岛当局已料到轰炸迟早会到来，因此已要求部分居民做疏散工作，但很奇怪到目前为止一切仍然很平静。

其实，当天早晨 7 时，广岛响起了空袭警报。这是该地在几小时内的第三次空袭警报。

不久之后在日本南部发现一架孤独的气象侦察机，它向广岛迫近。然而，这架飞机很快就飞走了，因此广岛就在 7 时 30 分解除警报，全城立即进入上班前的拥挤状态。

在 8 时后不久，防空监视哨发现另外有一架 B-29 接近广岛，但并未再发空袭警报。他们仅仅在无线电中宣布有敌机到来，并命令居民在敌机飞临城市上空时临时掩蔽，同时还比较有把握地广播说，这些飞机似乎只是执行侦察任务。许多居民继续上班，相信被轰炸的危险期已经度过，没有人想到会有一场空前的灾难降临到头上。

"安诺拉·盖伊"号轰炸机的飞行员们，已研究广岛地图好多天了，所以驾驶员知道要将原子弹投到哪一个目标点。

一架 B-29 轰炸机并未在广岛市引起太大的恐慌。轰炸机飞到市郊后，就倾斜飞入市区方向，当飞机飞过大田河上的相生桥后，就由机舱内丢下一枚炸弹。

在丢下"小男孩"炸弹后，轰炸机减轻很多重量，立刻加足马力向上冲，尽速拉开飞机与市中心的距离。大约1分钟后，这枚"小东西"就爆炸了！

几分钟后一道刺眼的强光由广岛市中心迸出，两道强烈的震波摇撼着"安诺拉·盖伊"号轰炸机。紧接着在几秒钟后，飞机受到两次冲击波的剧烈震荡。然而飞机平安无事，朝着提尼安岛返航。

当强光散开形成一朵蘑菇云时，机组人员好奇地回头看广岛市变成一副什么模样。

其中一位回忆道："我相信，大概没有人会想到结果会是这种光景。两分钟前，我们还可以很清楚地看见整座城市，但现在我们却什么也看不清了。只见浓烟和大火由山边往上蔓延开来。"

在投弹15分钟后，飞机上的帕森斯上校发回如下的电报：

> 结果完满。据观察，效果优于三一试验。各方面均成功。投弹后飞机一切情况正常。

虽然机组人员可以看到巨大的火球上升并翻腾数分钟之久，最后形成一团高达30000米的蘑菇云，但他们对于在这片阴云之下所笼罩的惊人恐怖景象却难以想象。

由广岛幸存者们的第一手描述中，可以使我们看到当时居民身心两方面都受到多么强烈的冲击，他们简直无法想象落在他们头上的武器具有多么大的毁灭力量。下面是一些幸存者的追述：

"哦！刹那间，我觉得背后似乎遭到巨大的重击，之后又被丢入滚烫的热油中……我好像被向北丢得老远，接下来我只觉得天旋地转，再也无法分辨方向了！"

另一位目击者回忆当时的惨状道："当时我清楚地听到身后树旁一个女孩微弱的叫声，她直喊：'请救我啊！'那个女孩的背已严重烧伤，皮肤被掀起，悬在臀部上。"

"周围一下子变得天昏地暗……然后，我心里只想到，'世界末日到了！'"

"到处横七竖八地躺着死尸。我在地板上连下脚的地方都没有。当时我想象不出是什么力量在一瞬间夺去了这样多的生命……到处都没有灯光，我们像梦游一样地走动……"

"我立刻想到这正像我从书本上读到过的地狱景象。我从来没有看到过这样恐怖的情况，但我想世上如果真有地狱的话，那就是在这里！"

这场强烈的爆炸几乎把整个广岛市掀了起来，立刻摧毁 70000 座占广岛市 90% 的地面建筑物，其中 45000 座全毁。

一瞬间的热度，高达 1600 摄氏度，持续了 10~15 秒钟，将相生桥方圆 2000 米内的人，全烤成了肉球。爆炸当场死亡，再加上接下来几天内的死亡总人数高达 10 万人。再接下来的 5 年内，还有 10 万人死于与辐射污染相关的疾病。

轰炸广岛的消息传回美国，给人一种混杂着解脱、骄傲、高兴、震荡及悲伤的感觉。

几个月前，在洛斯阿拉莫斯进行"牛刀小试"实验的年轻科学家奥图·弗里施回忆道："大约在三一基地试爆后 3 个星期，有一天，实验室里突然有一阵骚动，急快的脚步声中夹杂着喊叫声。有人推开我的研究室门，大叫着：'广岛被炸毁了！'当时我看到很多同事急忙打电话到圣塔菲市的拉方达饭店去订位，准备大肆庆祝一番，我心中不自觉地涌起一股不安，甚至十分反胃！"

在洛斯阿拉莫斯，为制造原子弹最为尽力的奥本海默在当天接到电报后，立即召集实验室的所有人员，正式宣布这个消息。

根据在场同事描述，奥本海默在众人欢呼声中"进入了大厅，到处是欢呼声和掌声，他以优胜者的方式致意。他们两手握起，高兴地举过头，一直到他来到中间位置。"

就在这一刻，他尝到了权力的滋味，昂然自得，但他是个很复杂的人，不被成功及胜利轻易地冲昏头脑。

从他最喜爱的物理，他创造了一个武器怪物。不久之后，他付出的努力，竟反过来让他遭受一辈子良心上的谴责！

尽管广岛的损失惨重，但日本的最高指挥部仍不允许裕仁天皇轻言投降。结果，迫使美国空军在 8 月 9 日中午 12 时在长崎市区投下第二颗原子弹。

这是一枚与三一试验场上试验完全一样的内爆式原子弹。人们叫它"胖子"。这枚炸弹原定的目标是小仓，如果不是由于小仓当天低云多雾，则长崎本来可以幸免于难。

这个南部的城市和广岛一样，被炸得满目疮痍，虽然所遭受的破坏比广岛要小，但仍然造成了 10 万余人死亡或残废。在原子弹爆炸 12 小时之后，长崎市仍然在一片火海之中，从 200 英里之外的飞机上也清晰可见。

这次的长崎轰炸后，裕仁天皇不得不在 5 天后通过广播向全日本人民讲话。这位深居东京皇宫的天皇，平日的一举一动都如同谜一般，他的声音根本不是一般日本百姓听得到的。裕仁天皇以细弱的声音念出先前准备好的投降讲稿。

退出原子弹研究

　　1945 年 8 月 14 日，日本投降日，正像世界各地一样，洛斯阿拉莫斯实验室也以最大的热情来举行庆祝活动，汽笛与电气喇叭齐鸣，在实验室的各处都举行庆祝会。

　　乔治·基斯塔科夫斯基喝得酩酊大醉，但仍然被说服去做一件特殊的事情："举行盛大的群众集会时要求鸣放 21 响礼炮。我们没有任何大炮，因此叫我带了一名年轻助手开车到仓库取出 21 箱混合 TNT 炸药，每箱 50 磅，并将它们排列在开阔地带上进行引爆，代替礼炮。这真是异常壮观。但我回到庆祝会场时，别人向我说，我只点响了 20 响！"

　　杜鲁门总统本人也在公开场合盛赞这个实验室说："他们所完成的事业是一项历史上前所未有的大规模有组织的科学奇迹。这个奇迹是在战争的重担下实现的，而且一次成功。美国在这个史无前例的最大科学冒险事业中，投进了 20 亿美元——但我们最后胜利了！"

　　有一些科学家荣获了奖章与嘉奖令，而且现在用不着再保密了，这些在战时被亲友们怀疑为逃避战争义务的人，现在被看做是英雄。

但在那个庆贺胜利的夜晚，已经有人开始感到他们所庆祝的只是一场虚假的胜利。在洛斯阿拉莫斯工作的科学家们许多年来一直全神贯注于攻克技术难关，很少有时间思考他们行动的后果。

庆祝会标志着他们这项重大任务业已胜利完成，他们的思想由任务的压力下解放出来，立即发现他们所做的是如何可怕的一种罪孽。

就在当天晚上，奥本海默从庆祝会场出来，就碰到一位年轻的科学家，脸色铁青，向着灌木丛中呕吐。

奥本海默本人也是首先对这项伟大的科学成就表示怀疑者之一。他对一批到实验室来采访的记者们说，他对"自己所完成的工作有点感到惊慌失措，"但他又补充说，"但科学家不能出于害怕人类可能利用他的发现做坏事而拒绝推动科学前进。"

但仅仅这种理由并不足以使科学家们打消他们的自责和忧虑。

1945年10月16日，格罗夫斯特别举行了一个仪式，表达军方对洛斯阿拉莫斯研究室全体工作人员的感谢。

奥本海默在洛斯阿拉莫斯代表接受这项奖励，从他在典礼上的致辞内容，多少可以看出他对这项他参与制造的武器已开始感到道德上的责任问题：

> 如果原子弹成为武器之一，一个备战国家的武器之一，那我相信不久之后，人类将诅咒洛斯阿拉莫斯与广岛事件。
>
> 世界上的人类若不和平共处，那就是步向毁灭的开始！这个摧毁无数生命的战争，已为我们揭示了这个道理，而原子弹更为人类再次证明这个道理。

日本投降之后一个月左右，他们的同事菲利浦·莫里森在阿尔伯克基地方广播电台上做了关于他们所作所为的后果的讲话。

莫里森报告了他参加原子弹破坏情况调查组的观感说：

> 我们最后在广岛上空低飞盘旋，几乎不相信自己的眼睛。在飞机下面原来是一座城市，现在是一片烧焦了的瓦砾。
>
> 但这并不是用几百架飞机在一整夜里夷平的。而只是用一架飞机和一颗炸弹，在相当于一粒子弹飞过城市的一刹那间，就把这座有30万人口的城市变成了一个可怕的大火葬场。这真是前所未见的恐怖景象。

战争总算结束了，洛斯阿拉莫斯的工作人员总算可以松一口气了！这群科学家及技术人员也如同一般美国民众一样，急欲恢复到正常的生活。

对大多数人来说，这意味着离开这片沙漠，回到美国或欧洲的大学里。其中最迫不及待的，该算是奥本海默了！

日本一宣布投降，他就告知格罗夫斯将军，他想返回大学教书研究的意图。明确地提出他认为洛斯阿拉莫斯不能再像目前这样办下去，特别是"实验室的主任本人非常渴望知道何时能解除他目前的工作，因为他对此事极不胜任，而且只是由于战争期间为效忠祖国而勉强接受了这一重任。"

格罗夫斯很不情愿地批准他的离职。

在洛斯阿拉莫斯期间长期担任奥本海默秘书的普丽西拉·杜菲尔德在回忆他当时的情绪时说：

我清楚地记得他收到某大学请他担任教授的电报时是如何高兴，虽然对方的报酬少得可怜，只有每年 10000 美元。这种年薪对于像他这种地位的学者来说，可以认为几乎是一种侮辱，但他是如此高兴，这表明他急于离开洛斯阿拉莫斯。

由于原子弹计划收缩，许多科学家回到学术界之后，那些留在洛斯阿拉莫斯的人产生了一种极度的沮丧情绪。

8 月 21 日，在弗里施手下工作的一位青年科学家哈里·达格里安正在两个接近临界的半球形钚块外面安装作为反射层的铀块。每个铀块重约 12 磅。

当装入最后一块时，它滑进了临界装置的中心，于是装置立即达到临界，并且产生一道蓝色的电离闪光照亮了整个房间。

达格里安拼命想把这铀块敲出去。在这一瞬间，他受到致命剂量的照射。他的双手和胸部受到二度烧伤，同时发烧，两星期后烧伤部位起泡，同时头发脱落。他在事故发生后的第 28 天死去。

达格里安之死使人不可名状地感到似乎是某种无形的疾病，在留在当地的许多人中间蔓延、加剧，使他们消沉甚而感到痛苦。这也像是一种"报应"，让这些制造这种新式杀人武器者最后被新武器所杀。

有人认为达格里安是第一名因辐射而致死的人，但事实不然。广岛的居民已经在第一枚原子弹爆炸后亲身领受了这种可怕的"毒物"。

有一位幸存者控诉道：

我的女儿，她看上去没有被烧伤，而且只有轻微的外伤。她暂时似乎一切平安。

但在9月4日，她突然病倒了。全身出现斑点，头发开始脱落，并多次吐血。我感到这必定是一种很特殊的可怕的疾病。我们非常害怕，医生也束手无策。

经过10天痛苦的折磨，她终于在9月14日悲惨地死去。我认为这对于我女儿简直是太残酷了，她丝毫没有参加战争，但竟这样无辜地被杀害了。

积极推动限制核武器

在洛斯阿拉莫斯颁奖仪式结束后没几个星期，奥本海默就回到加州的帕萨迪纳，在加州理工学院物理系任教。

虽然奥本海默重返加州理工学院，但他完全清楚地知道，他不可能逃脱自己肩上所承担的义务，即使他本人希望如此。

在此之前的一个多月，当史汀生准备离职前最后一次在公众场合露面时，奥本海默应史汀生要求与他在一家理发馆内会面。

他俩人坐在一起谈论了对原子弹的有关看法，这个事对于他们的影响是太深刻了。最后，史汀生老人从座位上站起来，向着奥本海默说："现在，原子弹的前途就掌握在你的手中了。"

从事教学工作之后，很自然地，奥本海默又开始从事基础物理方面的研究。

但他对纯理论及研究的兴趣，似乎也随战争的结束而降低了许多。不过，他倒是发表了几篇有关一种比原子核内的中子及质子更小的次原子粒子，称为"介子"的论文。

就在第二次世界大战前，日本科学家汤川秀树已预测到介子的存在，但开战后，所有的研究工作都被迫停顿下来，转向较实际的战争用品的研究上。

战争时期，大多数的科学家都将精力投入制造原子弹上，战后，科学家们又重新回过头来拾起未完的课题，探讨基本的原子组成，发掘原子最基本的组成单位。

让大多数的科学家都深感欣慰的是，至少这和战争没有直接关系。

对于理论派物理学家来说，这代表着回归到充满乐趣的物质研究上，一个他们最爱不释手的课题。

战后，物理学家不再把质子、中子、电子三者视为是原子的基本组成单位。汤川秀树所提出的"介子"理论已改变了旧有的观念。

此时，理论派物理学家开始将注意力集中在"做有关次原子的分类及阐释"上。

次原子被冠以各种各样奇怪的名称，有夸克、反夸克、重粒子、强粒子、胶粒子、微粒子等，这些粒子似乎是构成所有物质的一小部分。

奥本海默虽然也尝试了很久，但他一直找不出时间及动机来做这方面的研究。所以，在第二次世界大战结束以后很长一段时期里，他只发表了4篇论文。也许他也不自觉地被物理学家的生命期一说所预料：在30岁生日前，就已被压榨一空，一个物理学家的巅峰期是在年轻时代。

在另一方面，美国政府却不时向他招手，一次又一次地邀他出任资深科学顾问一职。

"政府当局与国会都一再征求我对原子能问题方面的意见，使我深深感到自己有责任，我也确有兴趣并关心这项工作。"

当时，奥本海默很可能认为，作为美国核政策中的一名要员比回到学术生活来得更重要。无可厚非地，"原子弹之父"以及科学界要人的角色当然比较吸引他。毕竟，比起学术界来，政治舞台要大得多了！

奥本海默在战时的成就使他一搬回帕萨迪纳就得到回报，他受邀为"梅·约翰逊法案"作证。

这个法案的目的，是将"曼哈顿计划"中有关工业及科学的机构改制成美国政府中的永久组织。

尽管法案中主要的章节同意由军方来控制核设施，奥本海默仍大声疾呼赞成法案通过。他的支持令留在洛斯阿拉莫斯的科学家们十分失望，绝大多数的科学家都主张核研究及铀的制造应由民间管理及控制。

对在洛斯阿拉莫斯的大多数人来说，奥本海默和国会及作战部门中的保守分子走得太近了！他则反驳，强调"'梅·约翰逊法案'通过后，将加速国际核武器限制活动的进行"。

1946年初，美国政府再次请求奥本海默的协助，这次则是在联合国新成立的原子能委员会上加入美国代表团，讨论国际核武器的条例。

全球性的核武器限制一直是他关注的焦点之一。在助理国务卿狄恩·艾奇逊的协助下，奥本海默在会中建议美国政府放弃现有的核武器，并和其他各国共享核知识，开放科学研究室及兵工厂，供其他国家检查。

奥本海默这个由波恩最先提出的意见，却遭到杜鲁门所指派的美国代表团主席伯纳德·巴鲁克的强烈反对。

巴鲁克在会中坚持所有由联合国委员会所做的决定必须由与会代表投票后多数赞成才能通过，任何国家都不得行使否决权。

和美国一样心存猜忌的苏联代表，对于无法行使否决权没有表示出赞同，并且坚持不允许联合国对苏联进行任何检查，同时要求美国先放弃现有的核武器，否则不愿意再进行会谈。

对于苏联方面的强硬态度，奥本海默相信只要巴鲁克愿对否决权的争议稍加让步，应该可以使苏联代表再回到谈判桌上。

为表抗议，奥本海默直接面见杜鲁门总统，但会晤进行得并不顺利。

奥本海默自称"双手沾满血腥"，因为他亲自参与了炸弹的研制工作。

为他这段话而深感气愤的杜鲁门总统，在会后指示一位助理："以后别把这家伙带来这里，毕竟，他只负责制造，而我才是真正决定投炸弹的人！"

巴鲁克因此继续担任代表团主席，奥本海默则在后来退出代表团，而联合国这次的会议，就在美苏两大强国互不信任的争吵声中不欢而散了。

这一次的事件对奥本海默所扮演的政府圈内人的角色并没有发生任何的不良影响。1946 年，他仍多次在参众两院作证，协助起草取代"梅·约翰逊法案"的新法。

1946 年末，"原子能法案"在参众两院通过后，由杜鲁门总统签署，正式成为法律条文。在这个法案下，创立了一个新的联邦机构"原子能委员会"来处理所有的相关事宜。

这个委员会将永久取代"曼哈顿计划"。

但和"梅·约翰逊法案"不同的是，这个法案规定由民间控制核能电厂、政府位于田纳西州及华盛顿州的铀钚制造厂、洛斯阿拉莫斯实验室，以及任何从事核武器研制的工厂及研究室。

在美国国内，为了制定美国原子能政策，成立了以狄恩·艾奇逊为首的"特种委员会"，成员包括格罗夫斯、布什和科南特等人。

他们又在委员会下设立了一个"顾问委员会"，首任主席由大卫·利连索尔担任。他曾是罗斯福总统时代"新政"建设中"田纳西河谷计划"的领导人，那个时候，他就和奥本海默以及格罗夫斯在工作上有密切关系，因为他负责提供大量电力给"曼哈顿计划"中的田纳西精铀制造厂，因此他也和奥本海默成为好朋友。

如众人所料，他所指派的第一位顾问就是奥本海默。他非常赞赏奥本海默："他亲身证明了人类居然有能力制造出这么奇妙的东西，真是不枉此生。像这样的人才，可能要等百年之后才会再出现一个。"

格罗夫斯发现自己的主张总是受到利连索尔与奥本海默等人的反对，他抱怨说："每个人都对他尊重有加，利连索尔尤其言听计从，甚至连每天早晨戴什么领带都要听奥本海默的意见。"

在顾问委员会的全体成员之中，奥本海默当然是具有最丰富的核科学知识的人。1946年初委员会刚成立时，他实际上充当了利连索尔和其他成员的良师益友。

他同时还与伊西多尔·拉比详细讨论了美国原子能政策的轮廓。拉比至今还记得，他的起居室位于河滨大道，离奥本海默童年的住宅不远，他们两人就坐在那里，一面眺望着哈德逊河上冬季的落日，一面海阔天空地谈论着国际管制原子能计划。

经过两人的详细讨论，他们写了一份"艾奇逊－利连索尔报告"，但其中大部分是奥本海默的意见。下面所摘录的一段反映了该报告的基本思想：

　　国际管制意味着承认这样一个出发点：即美国的核垄

断地位不会持久。因此，必须建立一种现实可行的国际保安体系，使任何个别的国家或公民只有在国际管制下才允许合法地从事原子能方向的工作。

因为我们认为，这类工作都存在着导致生产原子弹的潜在危险。

现在，经过35年的原子军备竞赛，再回顾艾奇逊-利连索尔报告中的这个建议，似乎显得有点幼稚可笑，而且乐观得出奇。

但拉比教授是一个非常实用主义的人，他认为当时的气氛与现在完全不同："我相信，我们的国际管制计划在某一时机是有被接受的可能的，而且奥本海默总是迫不及待地希望一切事情尽快办成。试想，美国在200年前各州原来是相互独立的，最终也能联合成为一个联邦共和国。当时各州肯定都有自己的既得利益而且倾向于各自为政，但在恰当的时机提出了联合口号，最终克服了各自的局部利益而联合起来了。这就是我们当时力求国际管制的出发点。"

在战后第一年冬季，奥本海默继续制订他自己那一套国际管制核武器的方案。

当时英国、美国和加拿大政府宣布他们愿意与任何国家在相互交流的基础上交换有关核科学的情报，这种态度标志着在国际管制方面的一个突破。根据三国的建议，并得到包括苏联在内的其他国家支持，建立了一个联合国原子能委员会，事态发展似乎非常乐观。

除了出任"原子能委员会全国性顾问团"的顾问一职外，他也受邀加入普林斯顿大学旗下一个颇具威望的"高等研究院"。20世纪20年代创立的这个研究院，一直是著名科学家及哲学家的集中地。奥本海默加入时，其中最有名的一员非爱因斯坦莫属。

核弹专家饱受争议

　　1947年，奥本海默已经成为权力圈内的重量级人物，角色的不同使得他想法改变，开始喜欢普林斯顿，还有研究院。因为这些改变，他在1947年搬至普林斯顿，开始频繁往返于普林斯顿与政府间的工作模式。他在"原子能委员会"内的顾问工作持续到1952年，这份顾问工作可以算得上是他在这段时期中最令他满意的工作。但在政府的权力圈内，怀疑他对国家忠诚度的阴影仍挥之不去。

　　1947年3月，联邦调查局从军方手中接管他战时的安全档案，并将这些档案和军方在战争早期所搜集的资料，再加上一些新的消息，全部交给大卫·利连索尔。联邦调查局的这份档案内容，着实令利连索尔及其他委员会吃了一惊，他们对奥本海默的左派倾向一无所知。

　　为了回应联邦调查局的警告，利连索尔以及委员会委员路易·斯特劳斯决定召开秘密会议，来讨论是否仍保留奥本海默的顾问一职，并且洗清他的安全记录，让他有机会继续接触所有美国核机密。

　　利连索尔及施特劳斯两人，私底下和奥本海默的交情都不浅。

施特劳斯甚至帮他争取过"高等研究院"院长一职。

因此，他们对联邦调查局丢在他们眼前的消息并未全然在意。"原子能委员会"的委员们开始调查战时与奥本海默共事的人员，威能瓦·布什和詹姆斯·科南特，两人的证词都对奥本海默有利，证明他在洛斯阿拉莫斯服务期间"明白地表现出他对国家的忠诚"。

调查终结后，甚至联邦调查局局长艾格·胡佛都不得不承认奥本海默是清白的。

1947年夏天，委员会决定保留奥本海默顾问团主席的职位，所有对他的指控都不足以成立；另外，他对国家的贡献十分重大，致使无法免除他的公职。

但是，至少在施特劳斯心中，奥本海默的声望已因联邦调查局的档案而染上了污点，再加上两人之间微妙的个性冲突，逐渐在施特劳斯心中扩大，以致造成日后两人对立的情况。

但至少在此时，奥本海默正处于个人事业的巅峰。他是重整美国核研究力量幕后的大功臣，在他的努力下，大量的经费拨至新成立的、位于伊利诺伊州亚肯以及纽约州布鲁克哈汉两地的核科学实验室。

而洛斯阿拉莫斯的实验室也被重新改制为一个纯研究的机构；位于华盛顿州汉福特镇的反应炉获得重新翻修；而田纳西州橡树岭的仪器也逐步现代化。

虽然这些改变，都与他常挂在嘴边的"限制核武器"相互冲突，但他却为置身在政府核心中，比身为一个圈外的抗议者更能够影响各项事件的发展，因此，他才修正了他在战后的各项努力。私底下，他则对好友承认，他对于世界强权间签署一份限制武器条约的可能性已不抱任何希望了！

在这段时间，他仍保持对理论物理的涉猎。他发起一个每年举行一次的高能物理会议，邀请世界顶尖物理学家齐聚一堂，讨论在原子结构研究上的新观念及方法。

1948年是奥本海默战后生涯中的高峰。他不再是位默默无名的科学家，他在科学以及政府公职上优秀的双重角色，人们称他为"原子弹之父"，《时代》杂志在封面上刊登了他的巨幅照片，名扬四海。

各报刊还广泛引用他的一段得体的谈话，其中表达了他与其他参加"曼哈顿计划"的科学家的那种忏悔心情。他说："无论是指责、讽刺或赞扬，都不能使物理学家们摆脱本能的内疚，因为他们知道，他们的这种知识本来不应当拿出来使用。"

在1948年发行的第一期美国科学期刊《今日物理》中，奥本海默也获得了肯定，这本创刊号中登出一帧照片，照片中奥本海默的平顶软帽，放置在重型机器的一堆管线上。

这帧照片的意义，无须文字来解释，每位美国科学界及政坛人士都认得奥本海默的这顶帽子。这张封面只是更加肯定：在20世纪的美国科学成就中，奥本海默比其他任何一个人更具代表性的地位！

奥本海默在科学界的声誉使他有可能接近政府的最高官员，从而成为他影响政治界的资本。他应邀参加各式各样的委员会，经常在华盛顿，不时应聘充当各种顾问，并且似乎已沉湎于这种新的生活方式之中。

尽管奥本海默在洛斯阿拉莫斯的成就受到那样广泛的赞扬，在政府中担任地位显赫的顾问职务，仍然受到科学界绝大部分人的衷心尊敬，但他仍然无法避免受到外界批评的困扰。

与奥本海默有10年以上私交的菲利浦·莫里森发现，他们之间现在已经没有共同语言了。他向哈康·舍瓦利耶说，奥本海默"完全在另外一个圈子里生活"。

他不断用亲昵的语气提道："乔治认为如何如何……乔治考虑怎样怎样……"最后莫里森不得不问这个"乔治"是什么人，原来奥本海默指的就是国务卿乔治·马歇尔将军。

此时的一切都表明，奥本海默在这个时候很享用拥有的特权与显赫的高职位。但奥本海默的这种转变究竟是单纯由于作为一个科学家的个人责任感，还是至少带上一种对权力越来越大的兴趣呢？连他的一部分同事都开始产生怀疑了。

在科学家同事们看来，对原子能进行军事管制的问题上，奥本海默再次辜负了他们对他的信任，其中许多人甚至表示永远也不会宽恕他。奥本海默甚至在他们眼里就变成了所谓的"御用科学家"。

在战后，许多科学家都在争取核能不再继续受到军方控制，但他们发现奥本海默并没有全力阻止军方担任领导及参与到有关的委员会中。

但奥本海默有他自己的理由：至少可以使当时"失去目标，失去方向，成为从事这项工作的人员的沉重包袱"的曼哈顿计划生存下去，并始终认为这会推动某种国际管制的体制的建立。

他的弟弟弗兰克是洛斯阿拉莫斯科学家协会的一名积极分子，并自称为"理想主义的局外人"的典型代表。他并不认为他哥哥的行为背离了共同的基本目标，相反，他认为分歧仅在于达到目标的方法。

他回忆道："罗伯特希望更直接地由政治方面入手解决这个问题。从一开始，他就认为我们没有花费足够的时间去争取他认为最重要的目标，也就是要签订原子军备国际管制协议，因此，他认为必须集中力量影响政府系统以内的人士。"

确实，奥本海默的工作作风完全与其性格相符。他无论在任教或领导洛斯阿拉莫斯期间，都希望能全心全意地从事一项工作并得到完全的信任。现在他又全心全意地从事新的任务，仍然希望再次得到完全的信任，然而，他不明白目前他是在尔虞我诈的美国政治圈内工作，他这种作风肯定会惹来麻烦的。有些针对他的批评，则是他那种有"特色"的个性引起的。

他在战时突出的表现，使得他的个性又"死灰复燃"，也就是他自称的"劣根性"，对人那种傲慢、爱答不理的态度。这个他一辈子也改不了的个性到后来成了他丧失权力的一根导火线。

有些批评是由于他在担任顾问委员主席时所做的决定而造成，第一个问题源于第二次世界大战刚结束时。

在那时候，爱德华·泰勒和一小部分科学家仍留在洛斯阿拉莫斯，埋首于名为"超级炸弹"的氢弹的研制工作中。氢弹的威力，可以设计成比"小男孩"或"胖子"炸弹更强百倍，甚至千倍。然而，尽管他们努力不懈，研究进行得并不顺利。

在奥本海默离开洛斯阿拉莫斯前，泰勒要求研究室能支持他的"超级炸弹"研究工作，却遭到奥本海默一口否决。

奥本海默的否决，深深地伤害了泰勒。奥本海默认为该做的都已做了，留在洛斯阿拉莫斯只是在浪费时间罢了！

沮丧且深受打击的泰勒在 1946 年离开洛斯阿拉莫斯，接下去的两年里，他一直留在芝加哥大学教书。直到他在 1948 年又回到洛斯阿拉莫斯，重新开始他这个心爱的研究。

很显然地，奥本海默相信在洛斯阿拉莫斯的研究工作应该专注于改善较简单的分裂式炸弹上。

1947 年 7 月，美国政府只拥有 13 件核武器。在奥本海默看来，在核武器数量仍显不足的情况下，政府应该全力提高产量，而不是分散力量在研究其他炸弹上。

对奥本海默手下大多数的科学家来说，他的意见单就科技的观点来看是十分有道理的，不过，从一个十分"政治化"的角度来说，他仍饱受批评。

坚决反对军备竞赛

在第二次世界大战结束之后，苏联开始在其所控制的东欧境内国家里，推行共产主义民主制度，并且推翻原有的民主政府以共产政权取而代之。

另外，苏联也公开发表声明，声称支持英法殖民地的任何共产党及左派活动。

对于这种对美国及其他西方盟军的军事挑战，美国境内的政治家们开始心存警戒，忧心忡忡。

于是对战前和共产党或任何激进政治活动有关联的个人或团体，都积极地展开了强有力的政治反击。

在对苏联歇斯底里的反应中，还夹杂着恐惧。这便是：唯恐苏联研制成功原子弹。

奥本海默和其他洛斯阿拉莫斯的科学家们开始对政府官员上交简报，评估苏联研制原子弹的可能性，其中包括杜鲁门总统。

结论是美国根本无法阻止苏联，苏联研制成功只是时间的迟早而已。

根据战后的评估显示，苏联大概还需 7 年至 10 年的时间才有办法开发成功，也就是说，美国还可以独享核武器的秘密到 1953 年或 1954 年。

因此，当苏联在 1949 年 9 月 23 日引爆了它的第一颗原子弹时，美国和其他一些国家都感到十分震惊。

苏联的第一颗原子弹，由斯大林命名为"乔依一号"。

第一次苏联的核试爆也引起了美国民众的强烈恐慌，并加深了他们惯有的反共情绪。

特别是一些右派的政治家们更是开始灌输一个观念，那就是美国是被自己的人给出卖了。

另外，国会的委员会亦开始调查一般美国人及公众人物的政治信仰。

这些国会团体中，最激进的就是众议院中的"非美活动委员会"反共机构。这个委员会开始调查于第二次世界大战前后时期，在伯克利厄尼·劳伦斯的回旋加速器实验室中相当出名的共产党活动。

由于奥本海默曾经和实验室里的年轻科学家们交往频繁，他就很自然地成为重点调查对象。

1949 年，"非美活动委员会"的调查员传唤奥本海默作证。委员会也对奥本海默的弟弟弗兰克十分有兴趣，他在一份销路颇广的报纸报道中更透露出他自己永远是共产党员的身份。

大战期间，弗兰克在田纳西州的精铀制造厂工作，该厂产品主要是提供给三一基地的核研究使用，对许多议员来说，这可真不是什么利好消息。恰恰相反，这个消息更令人大为不快。

一开始，奥本海默的作证还进行得十分顺利。

想必是这些国会议员也折服于他的名声之下。委员会中的一位助理说，委员会"并不想为难你"，又说，"你的忠诚记录，还会有格罗夫斯将军出面担保"。

委员会成员接下去又问到奥本海默以前的学生——罗西·洛曼尼兹以及其他认为可以联想到的人。

然而，奥本海默尽力地为大多数人辩护着，除了伯纳德·彼得斯外。他认为，彼得斯这个人太过激进，不足以委任任何政府的机密工作。

他对彼得斯的指控，激怒了许多他在伯克利及其他地方的朋友、同事，并使他与在30年代参与激进政治活动时，所结识的许多朋友的友谊关系画下了永久的休止符。

接下来，委员会又问奥本海默有关他弟弟在共产党内的活动。

对这一点，他则提出了一个大胆的要求。他说：

"主席先生，我请求你们不要逼问我有关我弟弟的问题，如果这些问题真的很重要，就请去问我弟弟他本人。如果您非要坚持来询问我，我仍会据实地来回答。但是，我还是想在此提一个要求，请你们别问我这些关于我弟弟的问题。"

最令人不可思议的是，这个以决不接受任何证人意见出名的委员会，这次竟然一改常态，一致同意奥本海默的意见。

在圆满地结束这场对全国最受尊崇的科学家之一——奥本海默的质询后，多位议员，其中包括来自加州的理查德·尼克松，均公开地赞扬了奥本海默。

根据在场的一位"原子能委员会"律师说，奥本海默当时是"令全场的议员为之倾倒"！

奥本海默在此次"受审"的下一个星期，又出席了另一个国会委员会。这次他的主要任务是为另一项技术事件作证，他又再次做了一场不同凡响的公开演讲。

在这次听证会上，他展露出自己超乎寻常的口才，以及为他树敌无数的、天生的讽刺态度。

这次，他是以技术专家的身份出席听证会的。举行这次听证会的是原子能的共同委员会，包括参众两院议员，旨在调查"原子能委员会"将辐射原料送至美国盟国研究室的这一举动，是否触犯国家安全法。

不少参议员以及"原子能委员会"的路易·斯特劳斯，特别关切一批运至挪威的铁的放射性同位素，这批原料是送往挪威的兵工厂以协助铸造技术，改善生产的钢材的强度。

以奥本海默的看法，这些辐射性原料的价值，仅在一般例行的实验用途中。

他更强调，这些同位素根本不具任何机密的军事价值。他说，这些同位素在原子能的军事用途上"不具任何地位"。

他又针对施特劳斯个人补充了一句："没有人能强迫我这样说：这些同位素绝不可能被用于发展原子武器。因为任何东西都可以用于发展原子武器。你可以说，一把铁锹可用于发展原子武器，事实也正是如此；你也可以说一瓶啤酒可用于发展原子武器，事实也是如此。"

"但只要有一点头脑的人，就可以看到，不论在战时或战后，这些同位素对于发展原子武器都没有重要作用。依我看，这些同位素的重要性……根本连电子仪器都不如，不过倒是比维生素重要一些！"

在他说完这些话后，整个房间立刻笑声不断。不过，很明显地，其中有一位听众并不觉得有趣。

坐在奥本海默身边的约瑟夫·沃尔普看见了施特劳斯当时的表情：他眯起双眼，两颊肌肉发颤，满脸通红，显然是被激怒了。

施特劳斯是个不轻易忘记侮辱的人，他总有一天会对奥本海默采取报复行动，来回敬他在这天自以为聪明却是相当残忍的行为。

奥本海默和施特劳斯的分歧，演变成杜鲁门总统政府中保守派和自由派间更严重的意见之争的导火线。

苏联第一枚原子弹"乔依一号"的成功试爆，也就标志着美国在国际上这一领域的核垄断地位已被打破。美国政府顿时感觉到了沉重的压力。它必须采取一些行动来安抚一般民众突然袭来的不安全感。

在1949年整个秋天，美国一些政府机构私底下展开了激烈的辩论，辩论焦点在寻求与苏联的应对之道上。

其中一边，包括爱德华·泰勒、路易·斯特劳斯以及美国空军在内，都要求立即展开计划，研制可行的氢弹，与之持相反意见的则是"全国性顾问团"大多数成员，甚至还包括"原子能委员会"中的多数委员。

对奥本海默及他的同事来说，要求立即研制氢弹更暴露出订立限制武器条约的需要；对他们来说，这些军事将领和其他人发起的武器制造要求，只是代表着一项大规模武器竞赛的开始，竞赛中还有数不清的危机隐藏着。

"全国性顾问团"的其他科学家更注意到，把氢弹当成一项军事武器根本是不可能的，它所蕴涵的爆炸威力之巨大，只能算是一项毁灭全世界的工具而已！

而陆军总司令欧玛·布拉德利将军也强调，氢弹的价值只在于它的恐吓作用。

氢弹注定是城市毁灭者，或者如同奥本海默在"全国性顾问团"呈给杜鲁门总统的报告附件中写的："一项会造成大规模灭族惨剧的武器。"

因为这个理由，再加上制造氢弹仍有相当大的技术问题，顾问团投票反对了氢弹的研究案。

顾问团中另一成员恩里科·费米写道：

　　基于这项武器威力无限的事实，它的存在以及制造技术对人类来说是祸不是福，不管怎样，它都是邪恶的。

　　也因为这些顾虑，我们相信，美国总统有必要让美国老百姓及全世界的人们都知道，就基本的道德原则来说，要开始这种武器的研制计划，是大错而特错的！

军方、国防部部长，甚至新任国务卿狄恩·艾奇逊均不赞同这项评估结果。

就在此时，一件事的发生终止了双方的争论。

1950 年 1 月 27 日，英国驻华盛顿大使馆的原子能专家弗雷德里克·雷伊尔·米拉尔爵士紧急访问了副国务卿罗伯特·墨菲。

他通知墨菲说，英国已经在伦敦逮捕了原子间谍克劳斯·富克斯。

在经过严刑拷打和审讯后，被捕的富克斯如实地供认了他在整个战争期间以至战后一直向苏联递送情报的事实。

所有与富克斯在洛斯阿拉莫斯共事过的人，都知道他参加原子弹计划的深度。

因为，他在洛斯阿拉莫斯的专利委员会内工作过，并负责登记所有可能在战后申请专利的新发明。因此，人们相信苏联必定已经知道有关裂变弹与超级弹的全部重要机密。

爱德华·泰勒也是了解富克斯的科学家之一。

他立即联想到所有有关超级弹的建议，包括最新的想法，都曾经写入富克斯提供的绝密《发明登记表》内，现在苏联必定全部掌握了这份材料，而且苏联人可能看到后还会讥笑他填写得乱七八糟。

泰勒在大怒之余，立即采取行动。

在1月30日，即富克斯被捕后的第一个工作日，泰勒与劳伦斯联名写信给参众两院联合原子能委员会。

他们明确地指出美国目前已经别无选择，只能尽快地推进超级弹制造的计划。

他们的请求是如此之坚决，使得联合委员会也不得不立即采取了紧急行动。

委员会的成员们会见了总统，并且忧心如焚地告诉总统说："你最好驳回顾问委员会的决定。泰勒先生说只有一种选择，就是立即全力发展超级弹。"

当天稍晚一些时候，奥本海默也会见了总统，汇报了富克斯涉密的范围。

然后杜鲁门举行了一次会议，参加者有国防部部长约翰逊，国务卿艾奇逊和利连索尔。

利连索尔仍然坚持反对立场，结果3位总统顾问以两票对一票决定开始一项研制超级弹的紧急计划。

第二天凌晨1时左右，在白宫新闻发布会上宣读了美国总统的如下声明：

身为三军总司令，我有责任保卫我的人民抵抗任何可能的侵略。因此，我指示"原子能委员会"继续所有核武器研制计划，包括氢弹，也就是超级炸弹。

这样，奥本海默竭力争取的终止军备竞赛的局面就寿终正寝了。杜鲁门的决定不仅打开了热核军备竞赛的大门，而且改变了美国政府内部各派力量的平衡。

受到政治迫害

在富克斯丑闻之后，紧接着又有一项指控，告发奥本海默一直都是共产党员。

有位名叫西尔维亚·克劳奇的女士，向附属在加州立法机关下的清共委员会告密，她的丈夫以前是位共产党员，她指控奥本海默曾主持"一个共产党最高组织的会议……这个组织十分重要，一般共产党员都不清楚内部细节"。

奥本海默立刻发表声明，"他未曾加入过共产党"，也没有在"我的房子或任何地方"主持过共产党会议。

然而，克劳奇女士的指控，使得一直保持警戒的联邦调查局又再度紧张起来，开始对普林斯顿及其他各地的奥本海默家族进行电话监听以及巡逻监视。

更糟的是，有关奥本海默叛国的谣言开始在政府机构间传播开来。对他最怀疑的是空军将领们以及路易·斯特劳斯，路易·斯特劳斯在奥本海默的好友大卫·利连索尔退休后，于1952年接任"原子能委员会"主席一职。

空军之所以不信任奥本海默，乃是因为他阻碍了空军成为三军中最强大的一支。

空军十分清楚，氢弹若研发顺利，将会为空军带来好处，因为战争一旦爆发，需要更多的飞机及运输计划来运送这个巨大的核武器。

简而言之，一个氢弹的诞生，也就代表一个更壮大、更重要的空军部队，这是每位空军将领都追求的目标。

很快地，空军就开始表明对奥本海默的不满，空军的首席工程师大卫·葛利格在"原子能委员会"表达他的意见："制造氢弹的过程中，有一路障，那就是'全国性顾问团'，特别是奥本海默博士的干涉。"

后来，当葛利格当面提出这项指控时，奥本海默大发雷霆，指责葛利格"丧心病狂"。最后，为了缓和这个争论，空军部长汤姆士·芬来特邀请奥本海默一起共进午餐来讨论这个问题。

在这次会面中，奥本海默的"劣根性"暴露无遗。芬来特认为这个物理学家的表现实在"粗鲁得令人不敢相信"！餐后，待奥本海默离开后芬来特告诉席间的同事："我相信，你们大概不会希望我对他还保留任何好感吧！"

到了 1952 年，奥本海默所提的国家核政策一再遭到否决。爱德华·泰勒和数学家史丹尼斯洛·乌拉姆两人共同突破了氢弹设计上的困难，得以制造出第一个粗略的氢弹实体。

泰勒在乌拉姆的建议下放弃原先利用热度来促进原子融合而改用原子弹爆炸瞬间所释放出的 X 光所产生的热量去"启动"。

这些以光速传输的 X 光比热波速度快很多，有效地"煮熟"氢原子，提供足够的热量，使得氢原子在"启动"爆炸把氢弹炸散之前就开始进行融合。

由"原子能委员会"所举行的第一次试爆于 1952 年 11 月 1 日在南太平洋的埃尼威托克环礁展开。科学家预测，这颗命名为"麦克"的氢弹可以产生约 100 万吨至 200 万吨的威力，也就是相当于在广岛爆炸的 20000 吨炸弹 100 倍的威力。

结果，威力竟高达 1040 万吨，相当于三一基地及广岛试爆炸弹的"500 倍"！一位目击者描述："火球的直径大约有 5000 米。"甚至在 16 千米外的目击者都为其威力所震撼。在场的科学家为他们所创造的威力也深感惊愕及害怕。但这枚重达 65 吨氢弹仍无法以飞机运送。

无论如何，这次试验代表着武器竞赛中新的一章。在政府内部，对奥本海默的谣言攻击更加严重。

在国会极端保守的约瑟夫·麦卡锡参议员开始对奥本海默的共产党背景展开调查。同时，参众两院联合的原子能委员会又再次对奥本海默进行调查，在这个委员会中，就有他曾在众人面前取笑过路易·斯特劳斯。

1953 年 12 月，联合委员会分别送出一封信，给联邦调查局以及"原子能委员会"，信中依次列出奥本海默的罪行，部分内容如下：

在 1939 年至 1942 年间，奥本海默是位相当强硬的共产党员，他不是自愿就是受指示将资料透露给苏联，从事间谍活动。更可能的是从 1942 年起，他就是一名间谍！

更可能的是从 1942 年起，他就在苏联的指示下影响美国在军事、原子能、情报及外交上的政策。

这份国会新的调查报告，不仅破坏了奥本海默的名声，也损及"原子能委员会"的威信，路易·斯特劳斯立即采取行动，阻止参议院展开调查。

从 1953 年圣诞节起，施特劳斯下令不准奥本海默得知核武器发展的任何最新消息。另外，原子能委员会也根据联合委员会的报告准备对奥本海默进行起诉。如果指控属实，"叛国罪"成立，那么奥本海默将被剥夺接近国家核机密的权力，也不准参与任何相关的政府研究工作。

在起诉开始之前，原子能委员会官员私底下要求奥本海默辞去"全国性顾问团"主席一职，当他拒绝辞职时，委员会主席施特劳斯就要求展开秘密起诉。

他在给施特劳斯的信中说："你认为，我请求原子能委员会终止我的顾问合同也许会是个皆大欢喜之举，因为那样会蒙混过关……我认真考虑了这个选择，但是，在目前情况下，这样做就等于我承认了自己不适合为政府服务的看法，而我到现在已经差不多干了 12年。如果真不称职，那我就不会在这个位置上工作这么长时间，也当不上普林斯顿研究院的主管，也不会在众多场合代表我们的国家和我们的学科发言。"

整个听证会以审判的形式由 1954 年 4 月 5 日一直进行到 5 月 6日。奥本海默的审判过程和一般美国法庭的审判有一些特别不同的地方。

第一，一般审判是公开的，但他的审判却秘密进行，一直到《纽约时报》在 4 月中旬发掘出来，才改以公开方式进行。

第二，一般审判的被告律师有权看任何原告律师的资料，但在奥本海默的案子，一些对他不利的证据却以国家安全为理由不准他的辩护律师过目。

第三，很多对奥本海默不利的证据，都来自一些匿名的消息，以及非法的电话录音内容，这两项在一般审判中都是不被接受的。

1954 年 6 月 28 日，因为奥本海默的远见才得以存在的"原子能委员会"竟投票通过剥夺奥本海默的国家安全许可权。

在这项判决的最后一条，委员会判定罗伯特·奥本海默"人格偏差、不够深谋远虑、极具危险性、与颠覆分子相勾结"，因此不再适任公职。

奥本海默的间谍罪并未成立。他的主要罪行反倒是他莽撞及傲慢的个性，以及他在 1945 年至 1950 年间反对氢弹的研发。总而言之，奥本海默的权力运用已近尾声，美国政府再也不需要他的意见及咨询服务了！

麦卡锡主义的余威

20世纪50年代的反共热潮，有时也被称为"麦卡锡主义运动"，是根据在这次反共运动中最重要的一位威斯康星州参议员约瑟夫·麦卡锡来命名的。除了奥本海默之外，也有不少人因此断送前程。

他的弟弟弗兰克亦遭受很多打击，在他以前的共产党员身份被公开后，他在明尼苏达大学教书的工作就保不住了，之后，在一直找不到物理研究或教学工作的情况下，他在科罗拉多州买了处牧场安定下来，过着平静的生活。但他的学历及知识却因此浪费了！

在战后10年内，奥本海默以前的学生大卫·波姆、罗西·洛曼尼兹以及伯纳德·彼得斯，全都在联邦调查局以及美国国务院的黑名单上。跟着奥本海默到普林斯顿工作的波姆在1949年被判藐视国会，因为他拒绝前往国会的反美活动委员会去为他的过去辩证。

被免除普林斯顿大学教职后，波姆前往巴西圣保罗大学任教，那是当时唯一提供工作给他的地方。之后，他又历经千辛万苦才得以前往英格兰教书。

美国陆军由于对罗西·洛曼尼兹的忠诚有所顾虑，使得他在战时只做个军队中的士兵。战后，他则在福斯科大学教授物理。不过，洛曼尼兹最后也被传唤到反美活动委员会中为自己的过去作证，而他也引用"第五条修正案"："保护证人，免于为自己作证"拒绝合作。

他因此被福斯科大学开除，20世纪50年代时，他一直待在奥克拉何马州做些劳力工作，一直到20世纪60年代中期，他才又回到学术岗位，在新墨西哥州矿冶技术学院任教。

甚至到1954年恢复到单纯学术生活后，奥本海默仍然和波姆及洛曼尼兹这些人保持距离。对这些在20世纪30年代的伯克利把他当成偶像的学生，奥本海默现在则把他们视作祸源，他不想再和这些人有任何瓜葛。他们将他完全毁灭，因此，他也无情地在这个时期将这些激进的同志全部赶出他的生活。

1964年，奥本海默在晚年收到一封这些人其中之一所寄来的信，这人就是他在伯克利的同事哈康·舍瓦利耶。

舍瓦利耶当时正在写一本有关奥本海默以及第二次世界大战时伯克利情况的书。他要求奥本海默同意发表一份他20世纪40年代初所持有的资料。

舍瓦利耶在信中写道：

我之所以会和你联络是因为我们两人从1938年至1942年间，都曾是共产党某一单位的党员。我希望能以恰当的方式来处理这件事，于是我决定将我所记得的事实报道出来。

因为这也牵涉到你的生活，而我以为你根本不必为此而感到羞辱，如果它不能被公开，我深觉遗憾。

奥本海默回了一封刻板的信给舍瓦利耶："我从来未曾加入共产党，更不是共产党某一单位的党员。我自己很清楚这事实，而我以为你也知道。"

舍瓦利耶因此信守诺言，未在书中提到奥本海默与共产党员的关系。

为了躲避记者的骚扰及不断的电话铃声，奥本海默全家决定前往维尔京群岛的别墅去度个长假。在战后，奥本海默渐渐地厌倦了"佩罗卡林特"这片新墨西哥州的农场，于是选择加勒比海的海洋气候。

在他们的身后，美国人民对于共产主义及苏联的恐惧仍未减少。在这种气氛下，任何一丝风吹草动，对右派政治不合的言论或是不当的谣言，都会转变成对个人忠诚及操守的攻击。

尽管奥本海默在维尔京群岛，仍逃不过这种恐惧所衍生的攻击。不知怎的，联邦调查局听到谣言说苏联正在想办法诱使奥本海默投诚，这些着急的调查局人员开始追查奥本海默的下落。

当他们确定了他的行踪后，便算准他回国的日子，对他严加追问这个谣传的真实性。他否认了这些控诉，并向联邦调查局保证，如果真有这个情况他一定立刻通知他们。

他公开斥责联邦调查局的愚行，一位调查员转述道："虽然他认为苏联是傻瓜，但他认为苏联不至于傻到接近他，更别说向他提出这种建议。"

私底下，奥本海默一定在想这种折磨不知要等到何时才会结束？当他在度假时，千方百计要摧毁他政治生涯的施特劳斯，又忙着打击他这位昔日好友的学术地位。施特劳斯先前为奥本海默争取到"高等研究院"的院长职位，现在则反过来要求普林斯顿大学开除奥本海默。

施特劳斯在夏天对同事吹嘘："如果奥本海默自己不提辞呈，学校也会要求他走人。"又说："高等研究院的董事会，13位董事有8位会投票要奥本海默辞职。"

但是，很显然地，董事会的大多数成员在经过几个月的深入评估之后并不附和施特劳斯的做法。在1954年10月，奥本海默又再次当选院长，他也一直都留在研究院里，直至病逝。

重新得到肯定

　　爱德华·泰勒指出奥本海默有着一种殉道者的变态心理。这也许是一个刻薄评论，但奥本海默确实由于先天和后天的各种条件的巧合而构成了这种形象，使他发展成为一个传奇式的人物。

　　他柔和的音调和深思熟虑的谈吐，他修长而清瘦的身材顶着一头铁灰色的美发，这些体质上的特征使他颇适合于充当这样的角色。他受审判的这段时期足以构成一部传奇，而奥本海默本人似乎也乐意走上牺牲的圣坛。

　　奥本海默究竟在人们的心目中产生怎样的影响，可以从约翰·马逊·布朗的著作中得到启示。这位《当代人物》的作者生动地描绘了奥本海默：

　　　　为了弥补他身体上的脆弱，他的个性变得分外倔犟。他说话的语气豪迈，好像连身体也因此变得壮大起来，这是因为他对他所表达的内心愿望如此之强烈，以致使人把他身体的瘦弱忘得一干二净了。

他那纤弱的双手和瘦得像鸡爪似的手指，在他与人谈话时，不是拿着角质框架的眼镜做手势，就是用他的右肘或左臂迅速地画圈，再不然就是用手拍打他那瘦得像公火鸡般的脖子，好像在向人显示他如何瘦弱。

至于这场审判所产生的影响，布朗写道：

这场审判的阴影仿佛像一个常住的客人那样一直留在奥本海默的家中。基蒂一直对此事义愤填膺，这种愤慨的心情是可以理解的。

奥本海默竭力想忘掉这一切，他振作起精神，用圣经式的语言说了一句自我解嘲的话："尔勿怨天尤人。"

当布朗问他，这场审判是否像把耶稣钉在十字架上的刑罚，奥本海默苦笑着说："不至于那么冷酷吧！我还能感到我手心里的血是热的呢！"好多年以来他一直忍受着这种恶意诽谤的痛苦。

他被贬黜后，华盛顿大学撤销了让他担任高能物理会议主席的邀请。

1954年10月，奥本海默重新当选为普林斯顿高级研究院院长，联邦调查局撤销了对他的监视。同时在研究院内设立宾馆，专门招待访问奥本海默的客人。奥本海默成为一个经常出去访问、经常接待来访的著名人物。

现在他有更多的时间用于管理研究所的行政工作，同时他也发现自己与迪思·蒙哥马利意见不合。迪思·蒙哥马利是他研究院的一位数学家，他感到奥本海默更偏爱物理和哲学，而不太喜欢数学和应用科学。许多人听过他们两人的大声争吵。

蒙哥马利提出要求说："我要招聘世界上最好的人才。"

奥本海默的回答是："这一点我清楚，但我们必须考虑到这些人是否符合这儿的工作需要。"

奥本海默的确酷爱物理。在战后，他从加州带来一批能力很强的学生与他在一起工作，并且筹建了一个研究室。这批人中有两个当年在量子力学研究方面同时获得了诺贝尔奖的中国人，即李政道和杨振宁。奥本海默看着他们两人在研究所的院子里走路时都感到自豪。

1958年，奥本海默应法国索邦大学邀请，以交换物理学教授身份于4月带着基蒂与女儿前往巴黎、以色列、希腊和比利时。奥本海默更多地应邀到各大学讲学，参加宴会。

华盛顿大学也对1954年取消对他的邀请致歉，并再次邀请他去参加理论物理的国际会议。法国人授予他荣誉勋章。马林·迪特里希称他为当代杰出的人物。

1960年，他收到"日本人才交流委员会"的邀请。在日本机场上，他受到了一群记者的包围，有人问："现在你对制造原子弹感到内疚吗？"他回答："我在制造原子弹的技术上获得了成功，这一点并不后悔。"他又说，"我并不是说我不认为原子弹是件坏事，我一向认为它不是一件好事。"

随着肯尼迪总统在华盛顿掌权，奥本海默的地位有了很大改善。政府的新官员中，阿瑟·小施莱辛格、麦克乔治·邦迪以及迪安·腊斯克等曾经都是奥本海默的学生。他们一直认为，奥本海默是一个出类拔萃的人。

1962年，在白宫招待诺贝尔奖获得者的宴会上，也请了奥本海默。原子能委员会主席格伦·西博格问他，是否愿意申请一次安全听证会来恢复名誉。奥本海默说："在我有生之年，我是不会重提此事了。"所以他的朋友们只好另想办法来为他恢复名誉了。

一种可能是由原子能委员会授予他一年一度的恩里科·费米奖。他们征求了前一届得奖人爱德华·泰勒的意见，泰勒感到这是一次结束他与奥本海默之间分歧的机会，也可以改善十年来他所处的尴尬境地。于是，经过一系列复杂的程序，4月白宫正式宣布1963年费米奖获奖人为奥本海默。

奥本海默本人对此也感到欣慰，他立即发表一项声明："我们大家都指望得到同事们的好评与政府的嘉奖和信任，我也并不例外。"

很多记者要求他多说几句话，但他拒绝了。"今天不是该我多说话的日子，我不想伤害那些目前尚在这方面工作的人。"

1962年11月22日白宫宣布肯尼迪总统本人将在一周后出席主持授奖仪式。不幸的是，当天下午肯尼迪总统就在达拉斯遇刺身亡。

白宫宣布约翰逊总统仍将主持11月22日的授奖仪式。这一天正好是芝加哥的第一座费米的反应堆达到临界的21周年纪念日。

授奖仪式在白宫内阁会议厅举行，一开始约翰逊作了简短的讲话，他说，"肯尼迪总统的一项重要措施就是批准了这次授奖。"然后，他"代表美国人民"授予奥本海默荣誉状、奖章以及50000美元的支票。奥本海默随即站了起来，稍作沉思并看了一下奖章，然后对约翰逊总统说："总统先生，您今天来为我颁发费米奖，表现了您的仁慈和勇气。依我看来，这对我们国家是一个好的预兆。"

很多人都认为这次授奖表示恢复了奥本海默的名誉，但实际上并没有改变多少他的处境。他仍然被认为不可信任，不能接触国家的机密。对奥本海默来说，从贬黜生活中得到解脱，反倒磨炼了他的性格。他周围的人注意到他的傲慢态度消失了，取而代之的是自我嘲笑与更加谦虚、和蔼。他的儿子彼得察觉出父亲对他更加慈爱了，因此他们的关系重新亲密起来。

由于奥本海默不再掌握权力，他力图通过另一种方式来为促进世界和平而工作。为此，他争取到阿格尼斯·迈耶夫人的赞助。

迈耶夫人是一位有钱的寡妇，丈夫曾是《华盛顿邮报》的老板。奥本海默想召集世界最有名望的知识分子，来讨论和平、文明世界的先决条件。

迈耶夫人非常高兴地把她在纽约基斯科山上的房子拿出来提供会场。这样，在1964年夏天，他们两人组织了在基斯科山上举行的第一次会议。

参加的人有天主教各界人士，包括现任政府顾问乔治·基斯塔科夫斯基，苏格兰的人类学家摩里斯·卡尔斯泰尔斯博士，瑞士的哲学家珍妮·希尔奇小姐以及诗人罗伯特·洛厄尔。

在会议的头几次会上，参加者尽可能坦率地作自我介绍。然后再转入对社会进行总评论。奥本海默是一位科学家，他希望通过这种方式来评价这个特殊组织是否适于用作分析这个世界的工具。为了鼓励别人坦率发言，奥本海默就像对他最亲近的朋友那样，把自己的心里话一股脑儿说了出来。

他说："直到现在，特别是在我那几乎无止境的青春时期，我对自己的所作所为总是感到厌恶与内疚。不论是做了某事，或不做某事；不论是写一篇物理论文，或作一次学术报告；也不论是怎样地读书、怎样地谈话、怎样地恋爱，都会在我内心引起这种感觉。"

"最后我发现，如果不承认自己所看到的只是真理一个局部，那么我就无法与他人共处，为了摆脱偏见并成为通情达理的人，必须承认对自己所作所为的怀疑是有必要的，而且是很重要的。但仅仅有这样的认识还不够，必须找出一种办法从另外一个角度来考察自己的言行，因为别人看待这些言行与我的立场并不一样。所以，我需要了解别人对我的看法，我需要他们。"

这一次会议和其他许多类似的会议一样，没有得出什么结论。对目前的时弊进行了很中肯的分析，然而却找不出未来解决的途径。

对于以后如何继续举行这种会议，奥本海默的观点是具有启发性的。他在一次会议上说："我们每个人首先必须立志深入研究当前最坏的现象并成为解决这方面问题的专家。"

奥本海默怀着如此坚定的信念并以其独有的风格讲出这样的话，使人听起来好像是一句至理名言。这对于那种长于空谈而缺少实践，对于那种爱好评头论足而不愿身体力行的流行风尚，无疑是一种鞭挞。没有一个人能够否认这次会议的良好愿望，奥本海默也很希望以后再举行更多的这类会议。

就在那一年，奥本海默回到洛斯阿拉莫斯参加物理学家尼尔斯·波恩逝世两周年纪念大会，并发表了讲话。会场上挤满了听众。话音未落，全场起立欢呼，热烈鼓掌，掌声经久不息。这真是激动人心的"荣归故里"场面。

同年，当他返回伯克利时，12000多名群众又以同样的热烈欢呼对他表示欢迎。这些激动人心的时刻深深地感动了奥本海默，他知道，他的所有努力都得到了回报。

这也是他最后一次到洛斯阿拉莫斯访问，因为他的健康正在严重地衰退。1965年他患了肝炎，使他的身体越发虚弱。他不得不辞去研究所所长的职务，而接替爱因斯坦当了理论物理的高级教授。

过了不久，1966年，他被诊断出患了喉癌，他又不得不辞去教授的职务。对他喉部的肿块开始进行放射性治疗，并一直持续了几个月。

到 6 月时，他只能拄着拐棍勉强行动，但他仍出席了普林斯顿大学学位授受仪式，接受了名誉学位，荣誉状对他的评价是"物理学家和水手，哲学家和骑士，语言学家和厨师，喜爱美酒与名诗。"

在与某一家杂志的记者交谈时，奥本海默笑着讲述了一位将军的轶事。他说："在一次战斗之后，当检阅部队时，这位将军在一名士兵面前停了下来，问道：'你在战斗进行时干了些什么？'这名士兵的回答是：'我活了下来。'"

调查对家庭的冲击

在"原子能委员会"审判后的几年，对奥本海默及其家人来说，都备受煎熬。

奥本海默和基蒂夫妇二人在洛斯阿拉莫斯时就喜欢酗酒，而后来多年被调查的紧张生活使他们更多地饮酒，不可避免地摧残了他们的身体。

甚至有一些朋友、同事也完全不再联络，包括与哈康·舍瓦利耶夫妇的交往以及与爱德华·泰勒的学术交流。

从联邦调查局的4份报告中可以看到奥本海默所经历的苦难。在1955年初，奥本海默夫妇再一次到维尔京群岛度假，有一名在那儿的情报人员报告说，"奥本海默喝酒喝得很凶，事实上已经到了糟蹋自己的地步。"

3个月后，5月27日，联邦调查局在纽瓦克办公室的另一名特工人员报告"据可靠消息，他确知奥本海默已回普林斯顿，医生已命令他卧床休息，一直到5月31日星期二才许起床。这就表明，奥本海默已经到了精神上崩溃的地步"。

但基蒂是受刺激最深的人。因为她感情上受到的压力与胰腺的疾病综合在一起，需要不断地服药治疗。她的生活方式还跟过去一样，经常在下午或晚上和老朋友们一起酗酒。

据她的弟妹杰基回忆："我还能记得在她家里度过的一个典型的夜晚，让你坐在厨房里，聊天，喝酒，不吃别的东西。然后大约到22时左右，基蒂打几个鸡蛋到平底锅里，再加点辣椒，然后就着这些东西再喝酒，这就是我们所吃的一切了。"

其他到过她家吃饭的人也发现基蒂在晚宴开始时是一个和气的女主人，但时间一长，她的行为和仪态就慢慢地失去自制。奥本海默总是尽一切可能宽容她。

50年代初期的痛苦岁月也影响到他们的两个孩子。彼得一直热爱他的父亲，在听证会达到高潮时，他在他卧室里的黑板上写道："美国政府不公正地指责某些人，我知道这些人正在受到不公平的待遇。由于这是事实，我认为，美国政府中有那么一些人，可以这样说，应该入地狱。你的忠诚的人民的一分子。"

听证会后，彼得的朋友们发现，彼得似乎对任何扰乱他父亲生活的行为都表示愤恨；他不愿意别人提到任何有关他父亲被解除政府职务的事。

他想尽一切办法多有些时间和他的父亲待在一起，但奥本海默仍然是一个经常不在家的父亲，从而很难与他的孩子们相处得很亲密。

奥本海默爱他的一双儿女，想对他们表达爱意，但他的嗜好却是很难懂的法文诗、印度哲学以及古典音乐，都是一些让孩子根本不懂也不会喜欢的东西。

不过奥本海默在星期天仍然和家人在一起玩扑克，有时他看看电视中佩里·梅森的节目以便稍事休息。

然而，到 20 世纪 50 年代中期，彼得已长成一个非常怕羞的少年。多半是由于他父亲的不幸，使彼得在学校里成绩不十分出色。

彼得被送到宾夕法尼亚州的贵格派教会的乔治学校去读书，因为奥本海默认为贵格会教徒为人正直。他对儿子彼得的期望太高，而彼得却无法追上父亲的脚步。

1958 年，彼得未能通过普林斯顿大学的入学考试，这令奥本海默十分气愤，为此不让彼得跟他们一起去欧洲进行为期两个月的学术讲演旅行。

在暑假结束前，彼得曾由乔治学校回过一次家，由于觉得父亲对他的关怀不够，他发誓以后再也不回家了。不久彼得就动身去美国西部旅行，最后到达科罗拉多弗兰克叔父家的农庄，在那儿住了几个月。

从那时起，奥本海默父子之间见面的机会就少多了。母亲基蒂与彼得也多年相处不和，在母子争论中奥本海默总是不可避免地站在基蒂一边，这样就使家庭关系更加恶化。

然而，彼得和奥本海默双方对这种分离都感到痛苦，奥本海默不止一次缩短了他在维尔京群岛海滨小屋度假的日期，原因是他"非常想念彼得"。

在奥本海默家庭和工作诸事不顺的时候，有一些同事为奥本海默提供了精神上的支持，特别是汉斯·贝特、尼尔斯·波恩，以及奥本海默在加州理工学院及洛斯阿拉莫斯的同事物理学家罗伯特·巴彻尔等人，使他从心理上得到了一些慰藉。

大致来说，他对他自己的没落坦然接受，秘密审判后的灾难及结果似乎让他更成熟。当记者问他，如何将痛苦及失望置之脑后时，他只说："我不能愤怒地过一辈子！"

长期的政治"囚徒"

奥本海默曾对朋友说，如果把用于监视他所花费的资金的一小部分给他，他就会成为百万富翁。像他这样受到如此严密而长期的监视的人的确不多。

1942~1955 年，除了一两次很短的时间外，奥本海默的行动都有人跟踪，他的电话被窃听、信件被检查，他的办公室和家里都被安装了窃听器。

在长达 13 年之久的时间里，特工部门曾几次剑拔弩张，对收集到的材料进行了详尽的分析。然而结果是，仍然允许他继续工作。

经过了安全委员会彻底的调查后，也只能得出结论：尽管把奥本海默早期"卷入左翼活动"看作"最严重"的事件，但从中也找不出"不忠诚的迹象"。

在 1940 年苏德签订条约及苏芬战争后，他所写为美国共产党辩护的文章是为保卫美国共产党争取自由的立场，而非维护美国共产党与苏联的联系。

据联邦调查局报告，在 1942 年 10 月史蒂夫·纳尔逊和其他共产党员之间的谈话表明，他们对奥本海默仍抱有兴趣，但也正足以说明奥本海默对美国共产党是不积极的。

尽管如此，负责保安部的官员仍然把这一类材料看作是线索，将奥本海默置于严密的监视之下。

但是，这一时期内一直跟着奥本海默的中央情报局特工人员，并没有提出确有间谍活动的任何凭证。的确，格罗夫斯曾由奥本海默口中套出了舍瓦利耶的名字，其后格罗夫斯允许奥本海默继续从事原子弹的工作。

因此，在安全委员会对所有不利于奥本海默的证据进行了评价后，也不得不承认，"奥本海默博士是高度谨慎的，他对保守重大机密显示出异乎寻常的能力。"

但当格雷的安全委员会提到氢弹问题时，起初只是作为考验奥本海默的诚实。

"我们不能只根据他行为的动机是不是出自对美国的不忠诚，而否定了奥本海默对于发展氢弹的影响。我们的结论是：无论其动机如何，美国的安全已受到他的危害。我们相信，如果奥本海默博士热情地支持氢弹计划，美国会更早地做出应有的努力来发展氢弹。"

事实上，安全委员会采用推理的方法，把奥本海默对某项武器战略上的反对态度上升到政治高度来做结论。于是他们指责奥本海默的理由是他的意见影响太大。

为了达到目的，他们采取从政治上评价奥本海默对美国政策造成影响的手段，而不去真正判断他实际上是否是保安危险分子。

正如奥本海默的一位老同事指出的，这是一种充满危险性的做法。

塞缪尔·高德斯密特在1954年4月30日说道："我并不是说奥

本海默的建议全部是正确的，全部值得重视，但如果提议人的坚定主张偶然与政府当局的主张相反，因此就把他说成对国家不忠诚，那么，民主制度的基本原则，即允许发表不同意见，就会很快被集权主义的强制性统一所取代。"

奥本海默被卷进的这一场有关武器战略的政治斗争，为什么不能通过正常的政治渠道来解决，这真是毫无道理。

奥本海默是一位受聘的顾问，在他的合同即将到期时，原子能委员会的委员们赶在他快要不受他们的裁决约束之前，急急忙忙地通过了这项决议。

奥本海默作为顾问委员会的顾问或主席，他的职责是在受到咨询时说出自己的意见。正如伊西多尔·拉比在听证会上一针见血地指出的："这个人是你们请来的顾问，如果你们不喜欢听他的意见，就别问他好了，除此之外，还有什么可责难的呢？"

然而，不管人们如何深信民主制度本身拥有容纳并最终解决不同意见的无限潜力，如果想要依赖保持一个强大的保安体系来维护某个国家的宪法和政治理想及其政策，这本身必然是一种政治行动。

这种思想和政策不可避免地会成为保安官员用来判断是否构成保安危险的标准。

以克劳斯·富克斯案件为例。在他还没有参加"曼哈顿计划"之前的 1941 年，就受到英国保安官员的注意。驻布里斯托尔的德国领事报告说，富克斯与左翼分子有密切联系，然而英国保安官员对这份报告表示怀疑。

首先，他们认为德国领事提供的消息是有偏见的，同时他们也相信富克斯可能仅仅是向苏联泄露机密而不会向英国的主要敌人德国泄露。然而在美国则不然，美国很早就认为苏联是更大的威胁，正是由于这样一种背景，奥本海默以及其他的左翼分子才受到审查。

在这段时间内，有 475 万多人受到审查，其中只有 560 人或者是被辞退了或未被录用。在这万分之一的人数中，又有几个是真正的危险分子，这就无人知晓了。然而，不管这个计划花费了几十亿美元，至少还有 11 个通过了严格审查的人，被作为间谍清除出去了。

奥本海默在 1943 年与鲍里斯·帕什交谈时，就很清楚地意识到这一点。他说，"我对于这种该死的科学资料保密制度的看法是：与我们正在进行的工作有关的资料，是所有愿意进入这种研究的政府都可能已经发现了的。"

由此可以引申出下一个问题：这种保安制度到底是确保什么？如果很多机密都是"保不住"的，而为了保护这些保不住的机密又需要耗费巨额资金，而且又是漏洞百出，并非万无一失的，那么，它到底为了保护什么呢？通常的答案总是：为了保护"自由"世界和反对共产主义。但是，事实果真如此吗？

在第二次世界大战以前，保安系统还是不完备的。政府和军队工作的出发点是：人民是可以信任的。

但自从那时以后，由于超级大国之间军备竞赛在很大程度上促使保安系统膨胀。它们成为一种专门从事于制造国与国之间的猜疑并鼓动人与人之间尔虞我诈互不信任的机构。

这种体系所打的旗号是保护"自由"世界去反对共产主义。在 1951 年阿拉·巴尔特在他所写的《自由人的忠诚》这本书中这样地描写一个"权力主义者的社会"。

"任何一个美国人如果听说某一国家，他们的警察有权去侦察守法公民的私生活，他们的政府官员有权去剥夺合法组织的一切权利，他们的行政法庭有权根据匿名证词用秘密审讯手段对付仅仅由于信仰和并不构成犯罪的行为进行判罪，那么，他一定会毫不迟疑地得出这样一个结论，即这个国家一定是在专制暴君的统治之下。"

而"审讯"奥本海默的正是这样的一个国家，他的私生活受到调查。他所参加过的组织事后被"诬陷"为非法的。他受到"行政法庭""根据匿名证词"而判了"罪"。这一切都是以"保安"的名义进行的。

但是美国仅仅是"自由"世界里符合上述权力主义社会特征的许多国家中的一个而已。这就是为什么奥本海默案例并不是一个法律上误判的孤立事件。

走完人生曲折道路

随着时光的流逝，奥本海默的健康情况也迅速恶化。在回答他朋友的询问时，他对病情作了客观的分析。

1966年10月，他写信说："我的癌细胞正在迅速扩散，因此我需要接受进一步的放射性治疗，这一次要用电子感应加速器的电子束来照射。"

到11月，他又写道："我现在讲话和进食都更困难了。"

1967年2月中旬，他写道："我感到相当疼痛……我的听觉和语言能力都极差。"

几天以后，1967年2月18日晚上，奥本海默溘然长逝于新泽西州普林斯顿的家中，享年62岁。

他的葬礼在1967年2月25日举行。这天天气异常寒冷，但与奥本海默一生各个时期有交往的人都参加了葬礼。他们中有科学家、政治家、小说家、作曲家、诗人，以及来自各行各业的熟人和敬仰者，多达600多人。

林登·约翰逊总统派他的科学顾问唐纳德·霍尼西代表白宫参加追悼会。

　　前来凭吊的诺贝尔奖得主有：伊西多尔·拉比，他从20世纪20年代奥本海默留学欧洲起就一直是他的好友，是能与奥本海默交心的几个人中的一个。尤金·威格纳、朱利安·施温格、李政道和埃德温·麦克米兰。还有罗伯特·泽尔贝尔，从战前在伯克利时开始，多年来一直是他的左右手和知心人。

　　在洛斯阿拉莫斯工作时期共事的格罗夫斯将军，也乘专机赶来参加葬礼。在奥本海默听证会上站出来支持他的人，约翰·兰斯达尔，这位战时的保安官员，从克利夫兰乘飞机赶来向死者告别。

　　汉斯·贝特、亨利·德·沃尔夫·史密斯以及乔治·凯南等，都发表了讲话。

　　认识奥本海默已经30多年的汉斯·贝特说道："在提高美国理论物理学家的地位方面，他的成就超过任何人，他是一个带头人，但他并不霸道，他从不命令人们做什么，他激发了我们心中最美好的东西，就像主人款待客人一样……"

　　在洛斯阿拉莫斯，在同德国人进行制造原子弹的比赛中，奥本海默领导成千上万人，把一片荒芜之地变成了一座超级实验室。把来自四面八方、性格各异的科学家凝聚在一起，打造出了一支高效的团队。

　　所有实验室的元老们都深知，如果没有奥本海默，他们在新墨西哥州制造的那个初级"玩意儿"就不可能在战争中及时完成并派上用场。

　　奥本海默在普林斯顿的邻居、物理学家史密斯第二个发言。1954年，史密斯是原子能委员会中唯一投赞成票为奥本海默恢复名誉的人。

作为秘密"安全听证会"是"一场闹剧"的现场证人，史密斯说："如果这种冤案永远得不到平反，我们历史上的这个污点就永远不会被去掉，我们深感遗憾的是，他为他的国家所做的巨大贡献得到了这样吝啬的回报……"

乔治·凯南最后做了发言。乔治是一名老外交官，出任过大使，参与制订美国第二次世界大战后对苏联的遏制政策。他是奥本海默在高等研究院的同事和朋友。当初凯南跟美国军事化冷战政策唱反调的时候，是奥本海默领导的高等研究院接纳了他。

凯南说道："人类最近征服自然所获得的能量，已经远远超出其道德所能掌控的程度。没有人能比奥本海默更清楚地认识到，这种不断扩大的道德和能量的比例失调将会给人类带来巨大的危险。他比任何人都渴望能够为制止大规模杀伤性武器所导致的巨大灾难尽一份力。在这里，他想到的是整个人类的利益。他看到了实现这些愿望的巨大可能性。"

凯南接着说："在 20 世纪 50 年代早期的那些黑暗的日子里，当厄运接二连三地从四面八方向他扑来的时候，当他发现自己身处争议旋涡中心的时候，我提醒他，国外有 100 个以上的科研中心欢迎他去工作，问他是否想过到国外定居，他含着眼泪告诉我：'见鬼，我深爱着这个国家。'"

瑞拉德弦乐队演奏了贝多芬 C 小调四重奏的两个乐章，然后基蒂和弗兰克在研究所的图书馆里接待了来宾。

人们冒着恶劣的天气，共同悼念奥本海默的去世，同时追思他的一生。在人们眼里，他是原子弹之父，他是伟大的物理学家，他是风度翩翩、慷慨的老师，他也是美国反对共产党运动最大的受害者……奥本海默的骨灰用飞机运到维尔京群岛，并抛撒在那儿的大海里。

他这一生最佳的写照，可以用他在战后访问洛斯阿拉莫斯时所发表的演说来表述：

> 身为一位科学家必须坚决确信，世上的知识以及它所赋予的力量对全人类具有真正的价值；科学家更必须确信，你是在利用它的力量来传播知识，而你也愿意承受一切的后果。

未完成的和平事业

有人说奥本海默是个伟大的科学家，因为在他的领导下，制造出了原子弹；也有人说他是个战争罪人，因为不用原子弹，战争也会结束。

但不管怎么评说，在他一生的努力中，至少有一点值得后人所怀念和敬重。那就是他在世界限制核武器上所表现出来的勇气及远见。

1963 年，是奥本海默被拒于政府门外的 9 年后，也是第一次联合国限制武器会议失败后的 17 年，美苏两国终于签订了核武器限制条约。

这个"限制试爆管制条约"中，明文规定两国不得在地球上、太空中或海洋中进行核试爆。这个条约限制所有的试爆都必须在地下进行，以避免辐射性原子尘污染地球。

美苏两国提起而呼吁其他国家跟进，为限制核武器的扩张及试爆踏出第一步。这项呼吁获得了热烈的响应，到了 1990 年，已有 111 个国家签署了"限制试爆管制条约"。

尽管这项条约未能很实际地减少美苏两大超级强国所拥有的核武器数目，但它却代表着迈向世界限制武器道路的一大步。

从条约签订后至今，美苏两国都不断努力控制核武器的生产及扩散。整个过程起伏不定，两国不时作出让步及妥协，以互相取信于另一方。

第二个重要的条约，是美苏两国在 1968 年签订的"核不扩散条约"，目的在于防止非核武制造国取得核武器。

核武器国家为了表示对非核武国家拒绝核武器扩展的支持，承诺在这些国家建造核能发电厂，发展核能的和平用途。

这项核电计划提供落后国家一个便宜且可靠的电力来源，对许多贫穷的发展中国家助益良多。

不过，在 1968 年后，又有 4 个国家增加核武器配备，包括以色列、巴基斯坦、印度和南非。这个令人担忧的趋势，是波恩及奥本海默早在 1942 年就预料到的。

从 1972 年开始，美苏两国开始着手解决较困难的问题，试图限制然后降低双方的核武器存量，美苏两国大概都有 15000 件左右的核武器。同年，两国又签订"战略性武器管制条约"，限制两国地面及海上远程导弹的数量。

尽管这个协定未能实际降低双方核武器的数量，但却为自第二次世界大战以来美苏两国的武器竞赛画上了第一个休止符。

在协定之后，又有一些武器条约，有些也是比较成功的。但美苏两国协定的大突破是在 1989 年，双方第一次真正地削减了各自军备中核武器的数量。奥本海默的精神仍一直在引导这些限制武器的努力。

这些协定为奥本海默的理念作了最佳的证明：国家间的冲突，不是以战争的手段，而是依赖国际间的协商才能化解。

奥本海默一生的努力及遭遇，为的就是要创造出一个和平的世界，让人们彼此都在追求和平及相互了解。他所留下的这份未完成的事业，全留待有志者去完成了。

附：年　谱

1904 年 4 月 22 日，奥本海默出生于美国纽约一个家境富裕的犹太人家庭。

1921 年，以 10 门全优的成绩毕业于纽约道德文化学校，因病延至次年入哈佛大学化学系学习。

1925 年，以荣誉学生的身份毕业于哈佛大学。随后被推荐到剑桥三一学院深造。

1926 年，转到德国哥廷根大学，跟随波恩从事理论物理研究。

1927 年，以量子力学论文获德国哥廷根大学荣誉博士学位。

1929 年夏天，回到美国，不幸感染了肺结核，在新墨西哥州洛斯比诺斯镇附近的一个农场上养病。病愈后，在柏克利大学和加利福尼亚大学任教。

1940 年，他跟生物学家基蒂·普宁结婚。

1942 年 8 月，被任命为研制原子弹的"曼哈顿计划"的实验室主任，在新墨西哥州沙漠建立洛斯阿拉莫斯实验室。

1945 年 7 月，原子弹试爆成功。同年 8 月，美国将原子弹分别投到日本的广岛和长崎。

1947 年到 1966 年期间，担任新泽西州普林斯顿高级研究院院长。

1947 年，担任原子能委员会总顾问委员会主席，这个委员会和爱因斯坦一起，反对试制氢弹，认为会引起军备竞赛，威胁世界和平。

1953 年 6 月 美国政府对他进行审查，在一场著名的听证会上，美国能源委员会没有发现其犯有叛国罪，但仍决定他不能再接触军事机密，并解除了他的职务。

1953 年 10 月，普林斯顿大学恢复他高等研究院院长职务。

1963 年 12 月 2 日，新任美国总统将费米奖颁给奥本海默。

1965 年，患了肝炎，身体不佳。

1966 年，被诊断出患有喉癌，辞去"高等研究院"院长一职，并退休。

1967 年 2 月 18 日，因喉癌在普林斯顿的家中去世。